JINRONG JIEDAI ZIJIN ZHICHI XIANDAI NONGYE FAZHAN YANJIU

金融借贷资金支持现代农业发展研究

郭佳琳 / 著

重庆大学出版社

内 容 提 要

本书阐述了我国促进现代农业发展的重要意义和农业外部资金投入对农业增长与农民增收的影响，以及金融借贷资金支持我国现代农业发展的意义，并对本书研究所依据的理论基础进行了简要的回顾和梳理，概括分析了我国农业发展、金融支持农业发展的历史与现状、取得的主要成效以及近年来存在的主要问题及其原因。

图书在版编目(CIP)数据

金融借贷资金支持现代农业发展研究/郭佳琳著.--重庆：重庆大学出版社，2018.10

ISBN 978-7-5689-1116-0

Ⅰ.①金… Ⅱ.①郭… Ⅲ.①农业信贷—金融支持—研究—中国 Ⅳ.①F832.43

中国版本图书馆 CIP 数据核字(2018)第 116082 号

金融借贷资金支持现代农业发展研究

郭佳琳 著

策划编辑：尚东亮

责任编辑：陈 力 邹 忌 版式设计：尚东亮

责任校对：刘志刚 责任印制：张 策

*

重庆大学出版社出版发行

出版人：易树平

社址：重庆市沙坪坝区大学城西路 21 号

邮编：401331

电话：(023) 88617190 88617185(中小学)

传真：(023) 88617186 88617166

网址：http://www.cqup.com.cn

邮箱：fxk@cqup.com.cn (营销中心)

全国新华书店经销

重庆市正前方彩色印刷有限公司印刷

*

开本：720mm×1020mm 1/16 印张：9.75 字数：156 千

2018 年 10 月第 1 版 2018 年 10 月第 1 次印刷

ISBN 978-7-5689-1116-0 定价：29.00 元

前 言

发展现代农业是完善产业结构,促进农村走上繁荣、农民走上富裕道路的必由之路,对我国具有特别重要的意义。但由于各种历史的原因,我国从传统农业向现代农业全面转型的进程还比较缓慢,尤其是在中西部地区,农业转型的形势还非常严峻,落后的农业发展方式现在已成为我国经济能否持续健康发展的瓶颈问题之一。而传统农业向现代农业转型的主要障碍就是缺乏足够的资金支持,尤其是缺乏有效的金融支持。传统农业向现代农业转型需要大量的资金投入,这些资金投入主要是金融借贷资金的投入。然而,农业的弱质性特征和农村金融抑制,导致了金融借贷资金支持现代农业发展供给严重不足的现实。当前阶段要求金融借贷资金支持现代农业发展,其中一个重要目标就是要消除农业的弱质性特征,因此,解决我国金融借贷资金支持现代农业发展不力问题的措施,就是要消除农村金融抑制。

本书阐述了我国促进现代农业发展的重要意义和农业外部资金投入对农业增长与农民增收的影响,以及金融借贷资金支持我国现代农业发展的意义,并对本书研究所依据的理论基础进行了简要的回顾和梳理,概括分析了我国农业发展、金融支持农业发展的历史与现状、取得的主要成效以及近年来存在的主要问题及其原因。

本书将财政涉农资金投入和金融支农借贷资金投入之和作为一个自变量(即农业外部投入资金),以实证研究农业外部资金投入对农业发展的影响;基于最优化规模视角分析评价我国农业外部投入资金支持农业发展的现状;对我国金融借贷资金支持现代农业发展的供需特征进行了分析,并且基于金融相关率视角对支农金融借贷资金供求缺口做出了测算;运用博弈论等理论方法,分析了均衡条件下金融支农借贷资金的最优总量、支农借贷资金提前撤资比率、借款农业生产者的均衡违约概率等重要问题；最后，通过概括对比分析，归纳出国外金融资金支持农业发展的主要经验借鉴和启示，提出了相应的促进金融资金支持我国现代化农业发展的政策建议：(1)建立和完善多元化的农村金融体系；(2)政府提供多方位的支撑；(3)积极引导农业产业化经营。

目录

MU LU

第一章　导论

第二章　相关理论基础

第三章　我国农业发展及其金融支持的历史回顾

第四章　基于最优化规模视角的农业外部资金投入评价

第五章　现代农业发展中金融借贷资金供求分析

第六章　金融借贷资金支持现代农业发展中相关主体的博弈分析

第七章　国外金融借贷资金支持农业发展的经验与启示

第八章　研究结论与政策建议

参考文献

第一章 导 论

一、选题背景和研究意义

(一)选题背景

随着科学技术的突飞猛进,世界各国大力发展现代农业。我国作为一个农业大国,且作为一个农村人口众多的国家,更有必要发展现代农业,提高农民的生活水平。发展现代农业,是完善产业结构、促进农村繁荣和农民富裕的必由之路。此外,农业是国民经济的基础,也是国民经济的重要组成部分,因此发展现代农业对促进我国经济发展具有重要的战略性作用。

我国政府一直非常重视农业的改革和发展,很早就提出了要发展现代农业,并开始了现代农业发展转型改革。但是,由于农业基础差、转型发展起步较晚,以及其他各种历史的原因,我国现阶段的农业还处于转型发展的起步阶段,农业生产发展的主体模式仍处于传统发展阶段,其特征是农业的基础性地位脆弱,可持续发展和协调发展能力不强。改革开放以来,农业没有实现与其他部门同步发展,农业、农村、农民问题现在已成为我国经济能否持续健康发展的瓶颈,已成为建设和谐社会的关键问题之一。在当今低碳经济的时代背景下,在党和国家提出了构建和谐社会和新农村建设的新形势下,现代农业发展又面临着许多新的机遇与挑战。

世界现代农业经济发展和我国 20 多年以来的农业转型发展的经验表明,当前现代农业发展需要以产权和组织为核心的制度支持,以农民文化素质、农业生产技术和农业机械化为核心的技术支持和资金支持。前两者在当前已进入了一个新的良好发展阶段。但是,由于缺乏足够的资金支持,尤其是缺乏有效的金融支持,农业现代化转型发展一直乏力。

大多数研究都认为:①金融是支持现代农业发展的诸多要素中非常重要的要素;②金融支持现代农业发展,目前最主要的是农村金融机构借贷资金支持农业和农村发展;③发展农村金融,完善农村金融体系,是发展现代农业的有效推动器,是建设社会主义新农村,解决“三农问题”的重要条件;④当前,制约我国农民增收、农业发展的主要障碍来自金融约束,并且,各地农村金融支持农业发展的问题不尽相同。

基于上述背景,本书拟实证研究我国金融借贷资金支持现代农业发展的作用和行为特征,分析我国金融借贷资金支持现代农业发展的现状、存在的问题及其原因,比较和归纳国外金融借贷资金支持农业和农村发展的成功经验;在此基础上,提出相应的农村金融改革设想和对策建议,为我国改革农村金融体制、设计金融借贷资金支持现代农业发展制度提供参考指导。

(二)研究意义

具体来说,本书的研究具有以下理论和实践意义:

(1)有利于为农村金融改革提供理论指导。由于国情不同,我国农村金融改革需要总结经验,提出符合我国实际的适用理论,来指导农村金融的改革和发展。

(2)有利于尽快解决我国农业金融约束难题。发展现代农业、建设社会主义新农村,需要大量的资金投入,农民的生产和生活也需要大量的资金投入。由于基础差、底子薄,大量的涉农资金投入难以主要依靠农民和其他农业生产者自身积累;由于目前我国财政支出能力相对困难,大量的涉农资金投入难以主要依赖国家财政投入;世界发达国家的经验告诉我们,农业现代化转型发展时期大量的涉农资金投入应当主要依靠金融资金的支持,尤其是在现代农业发展初期应当主要依靠金融借贷资金的支持。但我国的农业和农村发展目前存在较为严重的金融约束。本书的研究成果可为完善我国金融支农体系、解决农村金融抑制和农业金融约束问题提供一定的参考指导。

(3)有利于深化我国农村金融改革。首先,在研究现代农业发展的金融支持问题时,需要总结之前农村金融改革的经验、教训,更好地推进改革。其次,改革支农金融体系,必须顺应金融借贷资金的性质和各种金融借贷资金支持农业和农村发展的行为特征,本书的研究就包括了这些创新性的内容。最后,一些发达国家的农业金融支持制度已经非常成熟了,研究总结这些国家的成功经验,可以为我国农村金融改革提供可供借鉴的丰富经验。

二、研究文献综述

(一)现代农业与农业现代化研究综述

学术界关于现代农业与农业现代化的研究,主要涉及以下四个方面:一是包括定义、特征和评价标准在内的现代农业与农业现代化概念的研究;二是农业现代化实现路径选择的研究;三是包括现代农业与农业现代化评价在内的农业现代化实践发展概况的研究;四是影响现代农业发展或农业现代化实现的因素的研究。鉴于本书的研究内容的选择,在“现代农业与农业现代化研究综述”部分,只综述关于现代农业与农业现代化概念的研究、关于农业现代化实现路径选择的研究,以及关于农业现代化实践发展概况的研究。关于对现代农业发展或农业现代化实现的影响因素的研究,本书也只综述关于金融资金支持对现代农业发展或农业现代化实现的影响的相关研究,并将这些内容安排在“金融支持农业发展研究综述”部分。

1.关于现代农业与农业现代化概念的研究

1964 年美国经济学家舒尔茨(Schultz)首次提出了现代农业和农业现代化的概念[2]。他指出,农业的迅速稳定增长促进了发展中国家的经济增长,而传统农业不具备这个能力,只有引进现代化农业生产要素,把传统农业改造为现代农业,才能使农业迅速稳定增长,进而促进经济增长。

郑有贵和李成贵(1997)[3]认为,发展现代农业既是农业技术进步的过程,也是农业和农村生产要素优化配置的过程,更是农业经济和农村经济制度创新的过程。黄祖辉等(2003,2009)[4-6]认为,农业现代化就是用现代工业装备农业、用现代科技改造农业、用现代管理方法管理农业、建立健全的社会化服务体系服务农业。李大胜和王广深(2005)[7]认为,现代农业是高生产率与高度社会化的农业。2006 年 10 月,柯炳生在全国中青年农经学者年会的主题报告上指出[8]:现代农业的农业形态是指“高投入、高产出”;社会主义新农村建设的首要任务和重要基础是发展现代农业。

当前比较普遍被接受的概念是:所谓现代农业,是指广泛应用现代科学技术、现代工业提供的生产资料和科学管理方法而进行的社会农业,其核心是科学化,特征是商品化,方向是集约化,目标是产业化。所谓“农业现代化”,主要是指用现代工业装备农业、用现代科学技术改造农业、用现代管理方法管理农业、用现代服务体系服务农业、用现代科学文化知识提高农民素质的过程。简单地说,“农业现代化”也称为“农业转型”,就是要发展现代农业,它是一个从传统农业向现代农业转变的过程。

2.关于农业现代化实现路径选择的研究

农业现代化的实现路径选择即农业转型发展模式选择。总结已有相关研究文献的观点,关于农业转型发展的模式可以归纳为以下三种主要的观点:一是我国学者所提出的分阶段发展模式;二是美国经济学家舒尔茨提出的“结构转换发展模型”;三是美国经济学家霍利斯·钱纳里(Hollis Chenery)提出的“要素引入模型”。

第一,分阶段发展模式的观点。

黄祖辉等(2003,2009)[4-6]认为,我国农业现代化的第一个层次是提高土地生产率和农业劳动生产率,使人们对农产品不断增长的需求得以满足,农民的收入得以提高;第二个层次是维持农业持续、高效发展和良好的生态环境,提高农业的经济和生态效益,满足人们对农产品的需求多样化,进一步提高农民收入。

根据卢荣善(2006)[9]等的研究观点,农业现代化发展的层次不同,其实现策略也不同。为了实现第一个层次的农业现代化,其物质方面的策略是农业劳动手段和生产资料,以及生产技术的现代化,其制度安排方面的策略是明晰产权和财政支持农业。为了实现第二个层次的农业现代化,其物质方面的策略是资源环境现代化、基础设施现代化、生产标准化和生物化、产品商品化、农民知识化、职业化、农业与农村经济结构现代化,其管理方面的策略是农业生产组织化、专业化、系统化、信息化,其制度安排方面的策略是服务社会化和财政支持农业。实现第二个层次农业现代化的关键是产权制度创新、生产经营组织管理方式创新和农村金融体系创新。

第二,结构转换发展模式的观点。

舒尔茨的"结构转换发展模型"理论[10]认为,发展就是一种经济形态成功转化为另一种经济形态。包括两个基本部分,即"资源再配置"和"量—质转换"。具体在农业转型,资源再配置就是指在农业生产过程中增加新的资本资源和技术资源,同时实现资源存量增长和资源再配置的整体增长;"量—质转换"则是"资源再配置"效应的具体体现,即追加投入新要素,促进了农业产业结构的转换,使得农业资源配置优化、农业全要素生产率持续提高、农业生态环境不断改善。

郭剑雄(2004)[11]则具体提出了以城市化带动农业现代化、以国际化加速农业现代化、以农业现代化保障城市化与农业国际化的"三化联动"的现代农业发展战略。

第三,要素引入发展模式的观点。

霍利斯·钱纳里提出了"要素引入模型"理论,传统农业缺乏现代生产要素、特别是缺乏现代资本和技术要素的投入,导致其低效率。因此,实现农业现代化一定要增加技术和人力资本的投入,为传统农业持续培育新的生产率增长的源泉。

关于要素引入模型的具体实施模式,我国学者提出了不少有意义的看法。郑有贵和李成贵(1997)[3]认为,要实现农业现代化就要进行技术变革和农业组织与制度创新。加速农业现代化的最佳路径是产业化经营。黄祖辉等(2003,2009)[4-6]则认为,农业现代化的进程受到多种因素的制约,包括物质因素、制度因素等。不同地区由于地理环境及资源禀赋、政治与经济、历史和文化等不尽相同,其发展现代农业的进程也不同,因此要因地制宜,选择合适的现代农业发展模式与路径。

3.关于农业现代化实践发展概况的研究

农业现代化作为世界农业发展的大趋势,是一个既古老而又崭新的话题。国内外学者们从多方面研究了农业现代化发展的相关问题,其中就包括对国内外农业现代化发展概况的研究和评价。

第一,关于世界农业现代化实践发展概况的研究。

杨万江等(2001)[12]认为,从19世纪70年代到20世纪60年代,世界主要发达国家就完成了农业转型。过去农业现代化发展的共同的主要特点是高度机械化、大量使用化肥农药等高能耗生产资料,18世纪工业革命以后,在农业生产领域,大型农业机械和石化产品大量的投入,根本改变了农业生产过程。劳动生产率的提高、单位面积产量的增加是现代农业最突出的优点。

张忠根(2002)[13]、黄祖辉等(2003,2009)[4-6]、邓启明(2006)[14]等认为,在人类跨入知识经济、信息经济和低碳循环经济的21世纪,生物技术、信息技术,以及新材料、新能源等广泛应用于农业领域,出现了基因农业、低碳农业、休闲农业、都市农业、循环型农业、精准农业、信息农业等农业现代化新模式。

笔者认为,世界农业现代化发展可以分为两个阶段,即现代常规农业发展阶段和现代新型农业发展阶段。现代常规农业的实质是用高能耗换取高产量。现代常规农业虽然极大地促进了农业经济的增长和农村经济的发展,但也给农业可持续发展带来了环境污染等严重的负面影响。自20世纪70—80年代以来,先后出现了综合农业、自然农业、有机农业、生态农业、科学生态农业、可持续农业、生物农业、再生农业等新型农业发展新模式。其中,影响较大的有美国土壤学家艾瑞克提倡的"生态农业",英国真菌学家霍华德等提倡的"有机农业",日本福冈正信提倡的无耕作、无施肥、无农药的"自然农业"等。我们可以把这些新型的农业发展模式与以往的农业现代化发展模式区分开来,并可称为现代新型农业。

第二,关于我国农业现代化实践发展概况的研究。

黄祖辉等(2003,2009)[4-6],定量分析了我国31个省(市、区)的农村耕地面积、单位面积耕地拖拉机占有量、单位面积耕地化肥使用量、谷物单产水平、灌溉率、农业劳动力文盲率等。结果表明,平均化肥施用量、谷物单产水平和灌溉率在我国绝大部分地区均达到了第一次农业现代化水平;内陆地区第一次农业现代化水平普遍低于沿海发达地区。

根据杨万江(2003)[12]的观点,我国31个省(市、区)的农业和农村经济发展被划分为五大类型区,包括城郊农业区、沿海发达农业区、较发达农业区、资源型农业区和欠发达内陆型农业区,对其农业现代化水平进行评估。研究结果认为,各类型区现代化水平不尽相同,这是因为其所处条件、发展基础,以及农业发展战略的差异而形成。

刘晓越(2004)[15]以农业劳动力、农业生产条件、农业生产手段、农业产出能力为基本要素,评价了我国1998—2001年的农业现代化发展水平。截至2001年,我国整体农业现代化水平还不到目标的1/3,其中东部地区完成45.2%,中部地区完成30.2%,西部地区完成25.0%;由此可见,东、中、西部地区发展差异显著,并且呈扩大趋势。

蒋和平(2006)[16-17]运用多指标综合指数法测算了我国1980—2003年的农业现代化发展总体水平。结果认为:(1)我国农业现代化总体发展水平增长缓慢,不同地区间差异较大。东部地区整体发展水平最高,其次是中部地区,西部地区最低;2003年与1980年相比,发展速度最快的是中部地区(增长率为44.93%),最后是西部地区(增长率为25.38%),东部地区最低(增长率为-2.84%);不同地区间的发展差距仍在不断扩大。(2)从农业劳动力人均农业投入、农业科技投入、农机总动力、农业从业人员比重、农民人均纯收入五项指标来看,我国农业现代化水平尚处于需要加强的起步期。(3)农业劳动力人均耕地面积少和农业生产规模化程度低这两个因素严重制约了我国农业现代化发展。

笔者认为:(1)就单位面积耕地化肥使用量、单位面积耕地拖拉机占有量、单位面积耕地农机占有量、农业从业人员比重等农业生产手段指标,农业劳动力人均农业投入、农业科技投入、农机总动力、农业劳动力等农业投入指标,单位面积耕地谷物产量、农业劳动力人均农业增加值率等农业产出能力指标,灌溉率、农业劳动力文化水平等农业生产条件指标,以及农民人均纯收入指标来看,我国农业发展就整体而言正处于现代化起步阶段,但不同地区农业现代化发展水平不尽相同,而且东、中、西部地区之间的发展差距仍在不断扩大。

(2)制约我国农业现代化发展的因素,从表面来看主要包括自然条件差、农业发展基础薄弱、农业劳动力人均耕地面积少、农业生产规模化和组织化程度低、农业技术落后等,但其实质性的根源在于农业投入资金不足。

(二)金融支持农业发展研究综述

金融支持农业发展的相关研究文献,以实证研究金融借贷资金支持农业或农村经济增长关系为主。从研究的横向比较来看,国外在这方面的研究较早,已形成了系统的金融发展与农村经济增长理论,并成了主流。国内关于金融支持农业或农村经济增长,以及关于农村金融的研究文献,是在 20 世纪 90 年代以后才逐步增多的。

1.国外金融支农理论回顾

国外对现代农业发展或农业转型发展金融支持问题的研究起源于金融发展理论,其研究对象主要是针对宏观层面的,其主要研究成果包括金融发展与经济增长理论、农村金融理论。

一是金融发展与经济增长理论。国外对金融发展与经济增长理论的研究始自熊彼特(1911)提出的"金融发展是经济发展的一个推动力"观点,先后经历了"金融发展推动经济增长理论""金融抑制和金融深化理论""金融约束论"三个主要的理论研究阶段。

(1)金融发展推动经济增长理论。熊彼特(1911)在其著作《发展经济学》(*The Theory Economic Development*)中,提出了金融发展推动经济发展[18]。1955—1967 年,美国经济学家约翰·格利和爱德华·肖发表的三篇代表性文献,从金融发展的角度专门阐述了金融在经济发展中的作用[19-21,96-97]。1969 年,雷蒙德·戈德史密斯实证研究了金融发展与经济增长的关系,出版了《金融结构与经济发展》一书,提出了金融相关比率(FIR)是指某一时点上一国金融工具的市场总值与实物形式的国民财富的市场总值的比值。一国的 FIR 值与该国的经济发展水平呈正向变动,即经济越发达,FIR 值越大[22,98]。罗伯特·金(1993)[23]和莱文(1993)[99]通过相关分析和回归分析,实证研究了 80 个国家 1960—1989 年的金融发展与经济增长的关系,结果表明:金融发展与经济增长呈显著的正相关,而且两者之间存在的是因果关系。

(2)金融抑制和金融深化理论。罗纳德·麦金农(1973)[24-25]和爱德华·肖(1973)[18,96-97]提出了“金融抑制”理论,认为金融部门与经济发展关系密切,金融领域机制被压制或扭曲,经济发展就会被阻碍和破坏。发展中国家经济落后的主要原因是金融抑制,解除金融抑制或实行金融市场的完全自由化,能促进经济的有效增长。麦金农(1973)[24-25]和肖(1973)[18,96-97]还认为各国普遍建立的以抑制为特征的金融制度是导致发展中国家的经济和金融发展停滞不前的重要原因。因此,发展中国家应推行以金融深化为目的的金融发展战略,消除金融抑制、运用价格机制与分权机制代替金融配给机制,减少人为因素干预金融市场,利用市场调节来实现利率、储蓄、投资与经济增长的协调发展。

所谓金融深化,是对金融抑制状态的一种修正。即按照新古典经济理论的观点,如果金融市场充分竞争,信息完全对称,利率自由浮动,市场便可达到均衡,资源将处于帕累托最优状态。但发展中国家普遍存在的金融抑制,使得利率扭曲、资金供需矛盾突出、信用工具不足、信用形式单一,从而阻碍了经济发展。在发展中国家不完全市场竞争的环境中,如果放开金融市场,减少政府对货币金融体系的过多管制,充分利用市场机制的作用,扩大金融活动的广度和深度;挖掘国内闲置资金,提高国内金融资本的存量;用价格机制与分权机制代替金融配给机制,用现代金融机构取代资金黑市;如果提高实际利率,增加投资总量,就能促进经济的发展。

(3)金融约束论。“金融约束论”又称为“不完全竞争市场理论”,这种观点是20世纪90年代的经济学家,如罗伯特·金和莱文、赫尔曼、斯蒂格利茨等,在汲取新经济增长理论的基础上提出来的,既不同于金融抑制论也不同于金融自由化观点的政策主张[26]。他们认为,发展中国家的农村金融市场是一个不完全竞争市场,尤其是放款方(金融机构)根本无法充分掌握借款人的情况(不完全信息),无法合理有效地配置资金,很难培育出社会所需要的金融市场。政府有必要进行适当干预来补救市场的失效部分。“金融约束论”进而提出各国政府,特别是发展中国家,不能让金融发展滞后于经济增长,要优先发展金融业。

二是农村金融理论。国外农村金融理论包括“农业信贷补贴论”“农村金融抑制论”“农村金融约束论”三个发展阶段，并因此而形成了与之相对应的三个学派[27]。

(1)农业信贷补贴论。农业信贷补贴论作为20世纪80年代以前农村金融理论的主流，认为农业具有投资期长、收入不确定、收益低等弱质性特征，难以成为商业银行的投资对象。同时，农村居民，特别是贫困居民没有储蓄能力，农村资金不足。因此，农村商业金融不能持续，资金大量外流，农村金融陷入困境。只有从农村外围引入政策性资金，建立非营利性的专业金融机构来分配资金，才能解决这一问题。农业信贷补贴论还认为，非正规金融组织借款利率较高，这使得农户更加穷困，阻碍了农业生产的发展。因此，使农业的融资利率低于其他产业，才能缩小农业与其他产业间的收入差距。但实践证明，农业信贷补贴政策破坏了农村金融市场的可持续发展能力，影响农村金融机构对农业的支持绩效，生存能力衰退。

(2)农村金融抑制论。20世纪80年代，农业信贷补贴论逐渐被农村金融抑制论所替代。农村金融抑制论认为，由于政府管制、利率控制等一系列不合理的农村金融制度安排抑制了农村金融的发展，而并非是因为农村居民没有储蓄能力，导致农村金融资金缺乏。因此，农村金融抑制论强调通过市场机制的作用，减少政府干预，农村金融利率市场化，来实现农村金融资金的供求平衡；适当发展非正规金融市场。

然而，农村金融抑制论虽然比农业信贷补贴论更先进，但不一定能通过利率市场化使农户获得正式金融市场的贷款。因为，利率市场化虽然能够弥补借款人的贷款风险和高交易成本，满足农户的贷款需求，但实际上，由于农户缺少担保品，会增加道德风险，因此不一定能够使农村金融机构主动借款给农户，这就需要政府的介入。

(3)农村金融约束论。20世纪90年代以后，农村金融抑制论又得到了进一步发展，形成了农村金融约束论(即“不完全竞争市场论”)。该理论认为：农村金融市场是一个不完全竞争市场，尤其是放款方(金融机构)根本无法充分掌握借款人的情况(不完全信息)，再加上农业的特殊性，系统风险很难控制；因此，政府应当按照一定标准对农村金融市场采用间接调控机制进行适当的监管，解决农村金融市场的信息不对称问题，政府也可以采取一定的措施促使借款人组织化，其中小组贷款是一个可行的选择。

2.国内金融支农研究综述

国内关于金融支持农业和农村发展的研究起步较晚,但近几年来,相关研究日渐增多。国内关于金融借贷资金支持农业和农村发展的研究主要有:

一是关于农村金融与农业发展关系的实证研究。国内学者将研究视角锁定在全国层面、将农村作为一个整体来进行探讨,区域层面的研究相对较少,但近年来有逐步增加的倾向。

(1)全国层面的研究。张元红(1999)[29]用"行社存款"与"农村 GDP"的比值来计算我国农村金融相关率(FIR)。董晓林和王娟(2004)[31]提出了农村金融发展与经济增长互相作用的内生增长模型,计量分析了我国农村金融对经济增长的支持程度。姚耀军(2006)[33]用现代金融发展理论的指标体系,测算了我国农村金融的货币化程度从 1995 年的 29.72%提高到了 2001 年的 41.27%,金融相关率(FIR)从 1995 年的 48.95%提高到了 2001 年的 66.54%。

(2)区域层面的研究。焦兵(2007)[34]以农村信用社的存贷款数据为农村金融发展的衡量指标,实证研究了我国东、西部地区农村金融发展与经济增长的因果关系。张旭梅(2006,2009)[35-36]运用内生经济增长理论,对山东农村金融发展与经济增长的关系进行了分析,证明农村金融发展对农村经济的促进作用显著。黎翠梅(2008,2009,2010)[37-39]运用面板数据的处理方法,实证研究了我国东、中、西部农村金融发展对经济增长的影响,发现各区域农村金融发展对农村经济增长的影响存在差异性,其中影响较为显著的是东部地区,同时,我国农村金融抑制是普遍现象,农村经济的增长被严重制约。此外,陆美娟和左平桂等(2009)[42]实证研究了江苏省 13 个城市的农业产量与金融支持要素的关系;姚群和彭迪云等(2009)[43]实证研究了江西省农业总产值与金融机构农业贷款的关系;朱建芳(2009)[44]采用典型抽样方法,调研浙江省农户融资情况,实证分析了农村金融供求问题。

二是关于农村金融抑制与金融深化的研究。

第一种观点认为,农村金融抑制的主要原因是供给不足。例如,乔海曙(2001)[45]认为,我国农村金融抑制的主要原因是正规金融部门对农户的贷款资金有限。谢平(2001)[46-47]认为,虽然是在经济落后地区,农村居民很难对外沟通，对现代金融服务缺乏感性认识，我们也不能认为需求不足，供给会自行创造需求；另一方面，农村居民只有在接受金融服务过程中才能发现其好处，进而激活潜在需求。

第二种观点认为，供给不足与需求不足共存是导致我国农村金融抑制的原因。例如，高帆（2002）[48]等认为，因为农业自然风险较高、农产品市场风险较明显，以及土地制度的制约、农村市场化程度较低、农村社会保障体系不健全等，我国农村金融供给不足，同时，农户对正规金融部门的资金需求也相对有限。

第三种观点认为，导致我国农村金融抑制的原因可分为主导原因和从属原因：主导原因是供给不足，需求不足是从属原因。例如，何志雄、殷莉丽等（1994，2006）[50-51]认为，供给不足是农村金融抑制的主导原因，其他原因的金融抑制只是从属原因。因为：（1）金融"供给领先"模式在经济发展的早期阶段已为许多国家的发展所证实；（2）在我国农村，由于正规金融的供给类型不对，合作金融不发达，使得金融需求未能很好地表现，从而产生了金融有效需求不足的表面现象。也就是说，在我国农村，供给型金融抑制经常以需求型等金融抑制的形式出现，但从根本上讲是金融供给的总量不足。

三是关于农村金融市场供需状况的研究。

何广文（2001）[52]指出，我国农村金融供给严重滞后于需求。农业生产经营对金融需求是多层性的，需要不同的金融组织以及不同形式的金融供给来满足。汪三贵等（1998，2001）[53-54]在调查分析贫困农户的信贷需求及供给的基础上，认为大部分农户能够从正规金融机构获得额度有限的贷款，但许多农户不愿付出利息，说明信贷需求缺乏。高帆（2002）[48]认为形成和加剧农村金融抑制的必然因素是农户对金融资金的有效需求不足，因此必须刺激金融需求，进而促进我国农村金融的发展。

四是关于农村金融制度的研究。

国内学者的研究，主要集中在农村金融制度变迁和农村金融体系的完善。

（1）关于农村金融制度变迁的研究。谢家智、冉光（2000）[55]、黄燕君（2000）[56]认为，民间金融的产生和发展的原因是农村金融制度变迁与农村经济制度变迁的路径相悖。李剑阁（2001）[57]认为，一些贫困农村地区的经济活动所产生的资金流量和经济效益根本无法支撑商业性金融机构的运行，其居民只能从政策性金融机构获得资金。

(2)关于农村金融体系完善的研究。曹协和(2008)[27]等绝大部分研究者都认为,应该对我国农村金融体系的功能、机构和效率进行改革创新。但我国农村金融体系改革方向是应当以合作制为主导,还是以商业性为主导,或者以政策性为主导,学术界一直存在不同的看法。

第一种观点认为,我国农村金融体系改革的方向应当以合作制为主导。例如,温铁军(2004)[59]等指出,我国农村是典型的小农经济,在世界上任何国家仅仅使用商业性金融是不能满足小农经济的信贷服务需求的。因此,在当前我国的农村进行商业性银行改革是不可取的,只有合作和政策金融才能为农户、集体农业提供信用业务。曾建中(2006)[60]认为,我国农村金融体制改革目标是农村正规金融机构商业化,这削弱了金融支持农业和农村经济发展的作用,农村金融供给不足。此外,谢平(2001)[47]、陈剑波(2003)[61]、杜晓山(2002,2003)[62-63]等对我国农村信用社的改革问题进行了研究。

第二种观点认为,我国农村金融体系改革的方向应当以商业性为主导。例如,谢平(2001)[47]和党国英(2004)[64-66]等认为,历史表明,在我国农村实行合作金融是行不通的,因此,组建和发展股份制商业银行是农村金融改革和发展的重点。李世新和张耀谋(2008)[67]分析了小农经济农户金融需求的特点和农村信用社等金融机构追求自身发展的动机相矛盾,指出当前农村金融所面临的困境,并认为我国农村金融体系改革的方向应当以商业性金融机构为主导。

第三种观点认为,我国农村金融体系改革的方向应当以政策性为主导。例如,唐双宁(2006)[68]认为,政策性银行要通过改革,使之业务范围和服务领域扩大,支农的服务功能增强。古明加(2008)[69]也提出,应当充分发挥农业发展银行的农业政策性金融功能,加大对农村金融的政策支持。

第四种观点认为,我国农村金融体系改革的方向应当是多元化发展。例如,何广文(2003)[72-73]认为,农村政策性金融可以由公共部门或私人部门提供,应以提高提供效率为宗旨,改革我国农村政策性金融,多种金融机构并存,功能互补、协调运转。李海平(2008)[74-75]借鉴国际经验,提出了要建立覆盖广、多层次的农村金融体系,满足“三农”需要。王修华、周再清(2008)[76]指出,过去我国农村金融制度的改革,只注重金融机构的存在形态,而忽视了农村经济资金需求的多样性和农村金融制度的整体功能。因此，建议今后我国农村金融的改革创新应当以功能观为指导，相应调整现有的农村金融制度安排、组织形式和市场形态等。王乐(2009)[77]认为，我国农村金融服务滞后的主要原因是金融体制改革滞后，我国农村金融体制改革创新应当大力发展多种形式的金融组织，鼓励民间借贷"浮上水面"。

五是关于农村非正规金融的研究。除了研究正规农村金融及其促进农业和农村发展的相关问题外，也有不少学者专门就我国农村非正规金融的相关问题进行了研究。

农村非正规金融的产生原因，温铁军(2001)[86]认为，因为农村经济活动具有分散化、规模小、监控难、风险大等特点，商业性正规金融很难满足其融资需求，正规金融退出农村市场，使得农村非正规金融迅速发展。张杰(2004)[85]认为，小农家庭的生存经济导致了我国农村非正规金融的产生。即小农家庭的生存经济与其资金的非生产性需求之间存在着内在的逻辑联系，正规的商业性金融无法满足这些资金需求，而只能由熟人或国家来提供。

关于农村非正规金融的利率，何田(2002)[87]认为，社会平均利润率、市场竞争和国家政策影响农村非正规金融的利率。张建军(2002)[88]认为，非正规金融的利率应当按基准利率加风险加成定价。姜长云(2004)[89]则认为，农村金融市场的清理整顿，农村非正规金融发展的合规性障碍不仅没有得到减弱，还得到了局部强化，因而增加了非正规金融的经营风险和运行成本，使得其借款利率较高。

(三)对已有研究的简要评论

上述国内外关于现代农业与农业现代化的研究成果，和农村金融与农业增长，或者与农业和农村发展关系的研究成果，以及金融支持农业和农村发展机理的相关研究成果，每一项成果都是一个理论进步，均为本书的研究提供了理论指导。特别是金融抑制和金融深化理论，为发展中国家农村经济和金融的发展指明了方向。金融深化理论主张放开利率鼓励储蓄，解除对金融的抑制，鼓励竞争，走向金融自由化，同时主张自由化并不意味着放任不管，金融深化应该渐进地进行，而不能一蹴而就。

现代农业发展需要各种条件和各种要素的投入，但在当今的市场经济社会,归根到底主要是资金投入的问题。涉农投入资金的来源可以分为三大部分:一是财政涉农资助资金,其按规定投入涉农项目后,不要求分红回报,也不要求还本付息;二是金融支农借贷资金,其借给农业生产者或农村中小企业投入小农项目后,要求到期还本付息;三是涉农生产者投入的自有资金,其投入涉农项目后,要求保值和增值,也要求分红回报。在这三种资金来源中,财政涉农资助资金和涉农生产者投入的自有资金都受到总量(存量)的限制,因而涉农投入资金的主要来源是金融支农借贷资金。但在我国,金融借贷资金对农业和农村的投入远远不够,因此,研究金融借贷资金支持现代农业和农村发展是一项具有重要实现和理论意义的课题。

然而,由于现有研究仍存在以下两大缺陷,以至于未能从根本上解释我国金融借贷资金支农不足的原因,不能在理论上为有效促进我国金融借贷资金积极支农提供更科学、更现实的指导。

一是在研究农村金融与农业增长,或者与农业和农村发展的关系时,未考虑涉农财政资助支出对农业和农村发展的影响,或者说未将涉农财政资助资金与金融支农借贷资金一并考虑。事实上,涉农财政资助资金与金融支农借贷资金,以及涉农生产者投入的自有资金都一样被投入了涉农项目中,共同构成了涉农投资,因此,在研究农村金融与农业增长,或者与农业和农村发展的关系时,应当将上述三种投资一并考虑。当然,一方面,这三种资金投入农业的方式、时间和方向是有区别的;另一方面,农业生产者投入的自有资金在我国目前的国情条件下是难以获得相关数据的,而且其金额占全部涉农投资的比重也很小且基本稳定,因而可以忽略不计。因此,在一并考虑三种涉农资金来源对农业增长,或者对农业和农村发展的影响的同时,还应当区别涉农财政资助资金与金融支农借贷资金来考虑其各自对农业和农村发展的影响。

二是找不到从金融借贷资金支农行为特征角度来研究金融支农问题的文献。事实上,由于公共资金的有限性,财政涉农资助资金和政策性借贷资金支持农业和农村发展只能是在市场失灵的领域和引导、鼓励商业性金融支持农业和农村发展的领域发挥作用,支农金融的主体还应当是商业性金融的借贷资金。然而,商业性金融的盈利本性和农业的弱质性特征之间存在天然的矛盾。因此,研究如何充分调动商业性借贷资金支持农业和农村发展,更需要通过研究二者之间的博弈行为特征,来寻找正确的促进商业性借贷资金支农策略。

三、研究框架和研究方法

(一)研究的基本框架

本书按照从理论到实践的基本思路来安排内容。基本框架如下:对构成本书研究的理论框架——金融支持农业发展的理论进行了综述。→回顾我国农业发展及其金融借贷资金支持的基本历程,从宏观面上简要总结我国农业发展及其金融借贷资金支持的主要成效、存在的问题及其原因。→ 实证研究基于最优化规模视角的农业外部资金支持农业发展的现状,从而解决金融借贷资金为何要支持现代农业发展的理论问题。→具体分析在当前我国现代农业转型发展过程中,金融支农借贷资金的需求与供给特征,基于金融相关率视角对支农金融借贷资金供求缺口进行测算,以进一步为有关各方面制定政策和行动方案提供参考依据。→ 分析金融借贷资金支持现代农业发展的博弈行为,以解决:(1)财政涉农资助资金和金融支农借贷资金各自的作用领域;(2)金融借贷资金支持现代农业发展的影响因素与政策启示。→总结国外金融借贷资金支持农业发展的基本经验与启示。→ 得出研究结论,提出相应的政策建议。

(二)主要的研究方法

(1)归纳方法与演绎方法相结合。归纳是从若干个别事例中分析总结出一般的规律。演绎是从一般规律演绎出特殊的性质。归纳分析法和演绎分析法是经济学家经常运用的基本方法。本书根据金融抑制论等农业(农村)金融理论,演绎分析了我国金融借贷资金支农存在的主要问题,以及根据博弈论演绎分析了金融借贷资金支农的博弈行为。同时,还采用统计分析的方法对我国农业外部投入资金支持农业发展的现状进行实证演绎分析。最后,采用归纳分析法得出了相关的研究结论,并采用演绎分析法提出了相应的政策建议。

(2)规范分析和实证分析相结合。国内外学者对金融支持现代农业发展做了很多的研究,但现有研究存在两个不足:一是,一般研究都只是独立地将财政支农支出或金融支农借贷资金作为影响农业经济增长的资本要素,而忽视了二者对农业生产投入(投资)来说具有不可分的性质,同时也忽略了财政支农支出应当进一步划分为财政涉农资助支出和属于金融支农借贷资金性质的支出(如政策性农业贷款等)。因此,本书首先将财政支农支出和金融支农借贷资金合并为农业外部投入资金,来实证分析农业外部资金投入对农业经济增长和农民纯收入增加的影响,并基于最优化规模视角分析评价我国农业外部投入资金支持农业发展的现状、基于金融相关率视角对支农金融借贷资金供求缺口进行测算。之后,再结合对金融借贷资金支农博弈行为的分析,对财政涉农资助支出和金融支农借贷资金各自的重点投入领域进行规范分析。二是,尚未发现关于金融借贷资金支农行为分析的研究,本书基于博弈论对金融借贷资金支农行为进行了规范分析,并得出了相关的政策启示。

(3)定性分析和定量分析相结合。本书在研究中,定性分析了我国农业发展与农村金融发展的概况和成效、金融借贷资金支农博弈行为、国外金融借贷资金支持农业发展的经验与启示等;定量分析了我国农业经济发展的主要问题、农业外部资金投入与农业增长和农民纯收入增加的关系、农业外部投入资金支持农业发展的现状、支农金融借贷资金供求缺口等。

(4)博弈分析法。本书在“金融借贷资金支持现代农业发展中相关主体的博弈分析”部分,运用博弈理论分析了金融借贷资金支农的相关博弈行为,如支农借贷资金均衡总量、借款农业生产者违约的概率、支农借贷资金提前撤资比率等,进而分析了财政涉农资助支出和金融支农借贷资金各自的重点投入领域。

(5)采用了比较分析的研究方法。本书在分析我国农业经济发展的主要问题、国外金融借贷资金支持农业发展的经验与启示等内容时,采用了比较分析的研究方法。

四、研究创新和不足

(一)研究的主要创新点

本书研究的主要创新点有两个,这两个创新点为互不可分割的前后两个研究过程,其分别是:

(1)绝大部分研究文献在研究农业财政投入与农业经济增长(或农民收入增加)的关系时,将金融支农借贷资金排除在考虑因素之外;或者在研究金融支农借贷资金与农业增长(或农民收入增加)的关系时,不考虑财政涉农资助支出这一影响因素。事实上,财政涉农资助支出和金融支农借贷资金,以及涉农生产者投入的自有资金,都是农业资金投入,它们对农业生产来说并无很大的区别——尽管这些资金来源的投入方向、管理方式和资金成本等可能不同;而且,在我国目前,财政涉农资助资金和金融支农借贷资金是现代农业发展资金要素的关键影响因素。因此,本书将财政涉农资助资金和金融支农借贷资金之和作为农业外部投入资金,实证研究农业外部资金投入对农业经济增长和农民人均纯收入增加的影响,并在理论上分析了基于农业经济增长视角的农业外部投入资金的最优化规模。

(2)目前尚未发现有对金融借贷资金支农博弈行为进行分析的文献。本书对金融借贷资金支农博弈行为进行了分析,并得出了关于均衡条件下的金融支农借贷资金最优总量、支农借贷资金提前撤资比率、借款农业生产者的均衡违约概率,以及财政涉农资助资金和金融支农借贷资金各自的重点投入领域等重要问题的研究结论。

(二)需进一步研究的问题

如下问题有待今后进行进一步的研究:金融支农借贷资金与农业现代化其他表现指标,如农业生产机械化、组织化、专业化、系统化、信息化等的关系的实证研究。

第二章　相关理论基础

对金融支持农业发展的基本理论进行分析，是研究金融借贷资金支持现代农业发展的前提。本章将分别讨论金融借贷资金支持现代农业发展的相关概念界定、农业外部资金投入与农村经济发展、金融支持现代农业发展的意义，以及研究所依据的理论基础。

一、相关概念界定

(一)现代农业的概念界定

1.现代农业的基本含义

国内外学者均倾向于认为农业发展经历原始农业、传统农业和现代农业三个不同阶段。原始农业出现在新石器时期，其基本特征是采用刀耕火种和轮垦种植的耕作制度，依靠长期休耕的方法去自然恢复地力。传统农业的主要特征是：第一，发明和使用了耕犁，且使用了畜力；第二，创立了间作、套种等耕作制度；第三，通过人工施用有机肥来提高土壤肥力，并通过选择农作物和牲畜良种来改善农作物和牲畜性状；第四，基本上是自给自足经济。

现代农业是农业发展史上的最新阶段，是相对于传统农业而言的农业生产形态。现代农业，是指以广泛应用现代科学技术、普遍使用现代生产工具、全面实行现代经营管理为本质特征和主要标志的发达农业[122]，其核心是科学化，特

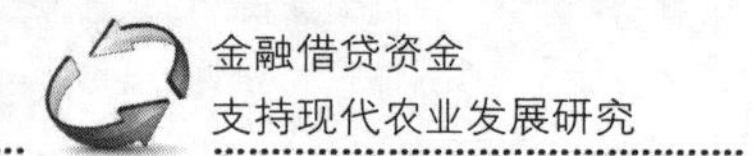

征是商品化,方向是集约化,目标是产业化[123-124]。

现代农业的具体内涵非常丰富,包含了多层次和多方面的含义。

(1)多层次的现代农业含义至少可以从以下四个层面加以说明:一是从技术层面看,现代农业是广泛采用现代科学技术和现代生产工具的农业生产形式。现代科学技术包括现代生物技术、现代化学技术、现代物理技术、现代气象技术、现代地理理论等多学科的新近研究成果;现代生产工具包括现代农业机械等。二是从经济层面看,现代农业是拥有掌握现代科学知识和经营管理方式的农业劳动者、高度社会化分工、具有不断提高的农业劳动生产率和土地产出率等特征的农业。三是从制度层面看,现代农业是社会化的、相对发达的、有适当政府干预的市场经济制度,是运行良好的农业服务体系。四是从环境影响层面看,现代农业是生态平衡、有助于生态改善的农业形态。

(2)多方面的现代农业含义至少可以从以下四个方面加以说明:一是要素的齐备性。现代农业打破了传统农业物质循环和能量转化过程的封闭状态,增加了外部能量的投入。二是技术的现代性。现代农业是科技农业,在现代农业生产中广泛应用了现代科技成果。现代农业的技术系统结构较传统农业发生了质的变化,机械体系被广泛应用,土地被不断改良,经过人工培育出的品种被广泛运用,信息技术被逐步广泛使用,生产的组织化程度高,劳动的组织不再是凭经验,劳动者素质已得到极大提高。三是运行的开放性。现代农业生产的直接目的是为社会提供农产品,获得较高的利润,因而现代农业生产经常地、大量地与外界发生物质、能量、价值和资源的交换与转移。可见,现代农业是开放程度较高的经济体系。四是生态的平衡性。人们在开发农业资源的同时,应注重保护农业资源和农业环境,保持农业生态平衡,促使农业生态良性发展。

现代农业是一个动态的、发展的概念。首先,现代农业是按照农业生产力的性质和状况而将农业发展划分为三个阶段中的最新发展阶段,主要是指第二次世界大战后经济发达国家和地区的农业。然而,随着历史的演进和新的时代主题的出现,现代农业也被不断地赋予了新的内涵与外延,如由最初的机械化、产业化等扩展到信息化,后又发展到生态优化等要求。其次,现代农业的具体模式也取决于所在国的具体国情。有的国家人多地少、农业资源相对短缺,其模式是以资本和技术替代土地等稀缺资源,提高资源利用效率、实现集约化经营;有的国家资源丰富,但劳动力短缺,现代农业模式是以资本和技术替代劳动,提高劳动生产率、实现规模化经营。

关于现代农业的具体判断标准,不同的国家和不同的历史时期不同,但就目前而言,大家认同以下几项关于现代农业的判断标准:一是科技对农业的贡献率在50%以上;二是农产品商品率平均在95%以上;三是农业投入占当年农业总产值的比重在40%以上;四是农业劳动力占全国劳动力总数的比重低于20%;五是每个农业劳动力来自农业的收入要至少能养活10人[125]。

2.现代农业的基本特征

现代农业是包含现代技术支撑、现代发展理念和现代农业产业体系的综合性经济体系,是多功能的可持续发展的农业范式,具有以下五个重要特征:

第一,现代农业是科技进步主导型的农业形态,而传统农业是资源投入主导型的农业形态。从投入来看,传统农业过度依赖自然资源,其弱质产业的特征非常明显。不同于传统农业主要依赖资源的投入,现代农业是技术高度密集的产业,其发展依赖于生物技术、信息技术、耕作技术、节水灌溉技术等农业高新技术投入。由于广泛应用现代科学技术,现代农业也逐步摆脱了传统农业对自然资源的过度依赖使其具有的弱质产业特征,成了可持续发展视野下的新农业。

第二,现代农业是市场化和组织化的农业,而传统农业是自给的、相对封闭的小生产农业。传统农业是以土地为基本生产资料,以农户为基本生产单元的小生产农业,其生产取向基本是自给,其生产环境相对封闭。而现代农业是市场化的农业,在现代农业生产过程中,市场机制对农业资源配置起主导作用。现代农业的大部分经济活动都被纳入市场交易,农产品的商品率很高——在农业现代化水平较高的国家和地区,农产品商品率一般都在90%以上[126]。由于现代农业生产是市场化的农业生产,其生产过程追求高生产率和高效益,这就促使现代农业的生产者不断提高农业生产的组织化程度,实行集约化生产,包括生产要素的集约化投入、适度集中土地使用,以及强化组织管理等。现代农业广泛采用组织化程度较高的专业化合作生产,实行产业化经营[127]。现代农业中的合作组织包括各种形式的生产合作社、供销合作社、专业协会、公司加农户等。

第三，现代农业是内涵与外延更为丰富的农业，而传统农业所包含的领域比较狭窄，功能比较单一。传统农业功能比较单一，主要是提供农产品，局限于种植业、养殖业等初级农产品的生产和加工，主要只与第一产业相关。现代农业是“大农业”产业系统，不仅仅限于种植业、养殖业等传统农业部门，而且还包括了农业生产资料生产、农产品加工等第二产业和相关的交通运输、信息和技术服务等第三产业的内容。同时，现代农业也突破了“衣食农业”的功能局限，表现出了功能多元化和产业空间扩展的特性，其功能包括食品保障、原料供给、生态保护、观光休闲、文化传承、教育等。

第四，现代农业是产业结构优质化的农业，而传统农业则是结构相对单一的、区域优势特征不太明显的农业。传统农业实施粗放经营、自给自足，因此分工不细、专业化生产程度较低，区域优势发挥不充分。现代农业是产业经营一体化和区域生产专业化的农业，是以一体化的经营方式进行生产和资源配置的，生产的产前、产中、产后衔接紧密，产供销、农工贸环环相扣，农业经营者通过各种形式的农业一体化经营而成为市场主体。现代农业是区域生产专业化的农业是分工细化和高度专业化的农业，生产要求充分发挥区域优势，根据不同地区的具体条件，集中发展生产具有明显相对优势的农产品，从而提高了农业生产效率。现代农业的区域生产专业化布局结构和一体化经营方式的发展，会使农村和城市的生产要素有机结合，从而有利于打破城乡分割的二元结构，促进农村与城市协调发展。

第五，现代农业是生态环境保护型农业，而传统农业对资源破坏较严重。传统农业为了提高作物的产量，施用过多的化肥农药，对土壤结构和肥力、水源质量、生态平衡等生态环境造成了很大破坏。而现代农业是可持续发展的绿色产业，强调保护环境、节约资源。

(二)农业现代化的概念界定

1.农业现代化的基本含义

所谓农业现代化，一般可以从文义理解为传统农业转化为现代农业的过程，或者说是用现代技术改造传统农业的过程，即建设现代农业的过程，或者农业转型。对于农业现代化的具体概念,不同文献的表述略有差别。

我国大部分学者认为,所谓“农业现代化”主要是指用现代工业装备农业,用现代科学技术改造农业,用现代管理方法管理农业,用现代服务体系服务农业,用现代科学文化知识提高农民素质的过程;也有许多人认为是改造传统农业,实现农业市场化、规模化、集约化经营,从而转变农业增长方式。

笔者认为,农业现代化的内涵、标准、发展层次等是不断发展演变的,不同国家对农业现代化的认识在不同的历史时期也不尽相同,但农业现代化的最终目标就是建设现代农业。

2.农业现代化的主要内容

关于农业现代化的主要内容,蒋和平(2007)等众多学者认为应当包括以下七个方面:一是生产过程机械化。现代农业是高效率的农业,为提高劳动生产率,农业现代化必然要在农业生产过程中运用先进的机械设备。二是生产技术科学化。现代农业是高产量、高质量、高效益的生态健康农业,为实现上述目标,农业现代化必然要求在农业生产过程广泛应用先进的科学技术。三是生产组织社会化。现代农业是开放的农业,要求农业生产与流通等其他相关部门,以及各相关市场主体有机联系起来,并随着现代化水平的提高不断推进这种相互联系。四是生产绩效高优化。现代农业是高产、高效、优质的农业,因此,农业现代化要求追求“两高一优”的现代农业目标。五是经营循环市场化。现代农业是以市场为导向的、开放的农业,农业现代化要求推进农业的市场化。六是劳动者智能化。现代农业是技术密集和组织化的农业,要求从事农业生产、经营的人具有现代化文化知识和技能水平。因此,农业现代化要求提高劳动者素质和技能。七是增长方式集约化。

笔者认为,就目前我国的国情而言,农业现代化的主要内容可以概括为以下三个方面:第一,劳动手段、生产资料和生产技术的现代化,即要实现农业生产机械化、信息化、生物化等;第二,组织管理的现代化,即实现农业生产组织化、专业化、系统化、信息化;第三,服务现代化,即要建立健全的社会化服务体系服务于农业,重点是农业产权制度创新和农村金融体系创新。

3.农业现代化的基本特征

农业现代化的基本特征,可以从以下两个方面来概括:

第一,从结果来看,农业现代化的基本标志可以概括为农业综合生产能力强、农业产业化程度高、农村经济结构合理、农村经济发达、良性循环的农业生态系统基本形成五个方面。

第二,从现代农业的表现形式及其发展演变来看,农业现代化具有以下突出特点:①动态性,即在不同经济发展水平下农业现代化具有不同表现形式和特征;②区域性,即不同地区由于自然条件、人文环境、经济结构和发展水平等不同,农业现代化的表现形式和发展特征也不同;③世界性,即必须从经济全球化角度研究农业现代化,才能确保农业现代化的水平和质量;④整体性,即农业现代化包括生产条件、生产技术和组织管理的现代化、资源配置方式的优化,以及与之相适应的制度安排创新(黄祖辉 等,2003,2009)[5-6]。

(三)农村金融体系的概念界定

1.金融的基本含义

关于金融的概念,不同学者有不同的表述。

美国经济学家兹维·博迪和罗伯特·默顿1997年在《金融学》一书中认为:金融是一种工具,可用于资源转让、交易中介和风险控制。《新帕尔格雷夫货币金融大辞典》将金融定义为:以其不同的中心点和方法论而成为经济学的一个分支,其基本的中心点是资本市场的运营、资本资产的供给和定价,其方法是使用相近的替代物给金融契约和工具定价[128]。

白钦先(2002)认为,金融的概念应当有以下几层含义:①金融是对社会财富的索取权,是货币化的社会资财,在现代经济生活中,社会财富的存量结构和动态结构由金融活动配置和决定。②金融是以货币形态表现的,具有“存量”形态的投入的消耗过程。③金融是货币形态的社会财富“存量”借以存在和流动的各种工具,即金融工具。④金融包括作为金融行为“契约”属性的金融体制及其演进。⑤金融是一种社会资源,通过金融资源开发而“生产”和“制造”金融商品,是金融活动的表现形态,可以开辟更多的资源配置途径与手段,从而对经济增长具有重要的意义[129]。

2.金融体系的基本含义

一般观点认为金融体系的概念有狭义和广义之分。狭义的金融体系,是指一个国家的金融组织体系,即有什么金融机构,它们在经济社会中各自发挥什么职能作用。广义的金融体系,除了金融组织体系,还包括金融市场体系、金融调控监管体系。曼昆在《经济学原理》一书中通俗而精辟地指出,金融体系使经济的稀缺资源从储蓄者(资金剩余者)流动到投资者(资金不足者)手中。

黄达(2000)等众多的我国学者认为,现代金融体系的构成要素如下:一是由货币制度所规范的货币流通。二是金融机构,通常是指银行和非银行金融机构,包括各种经营货币或货币资本、充当信用中介和信用媒介,以及从事各种金融服务的企业和组织。三是金融市场,是金融工具发行和交易的场所,包括资本市场、货币市场、保险市场、外汇市场、衍生性金融工具市场等。四是金融工具,也被称为金融产品、金融商品,是金融活动的载体,是信用关系的书面证明,是金融市场上的交易对象。五是制度和调控机制,是指一系列的金融市场规则和国家对金融市场的管理制度、法规,包括货币制度、外汇管理制度、利率制度、支付清算制度、信用制度、金融机构制度、金融监管制度等种种制度,以及各种金融市场管理机构和金融制度执行机构[130]。

根据上述各种论述观点,本书将金融体系的基本含义概括为:金融体系是由促进协调储蓄者与投资者资金流通的各种金融机构、一系列的制度和制度执行监管机构所组成,或者可表述为所有涉及货币与信用交易的元素的集合。金融体系最基本的功能就在于便利资源在一个不确定的环境中进行跨越时空的配置。因此,金融体系也是一个重要的基础性行业,金融对于经济增长的作用是通过金融体系的功能体现出来的。

3.农村金融的基本含义

国外学者很少将“农村金融”作为独立的概念,很少对农村金融的内涵和外延做出说明。国内关于农村金融的论述较多,一般学者都认为,农村金融是与城市金融相对应的概念,是指农村货币资金的融通。例如,《辞海》将农村金融解释为“组织和调剂农村资金的活动。主要包括农业贷款、农村储蓄、农村信用合作。中国的农村金融工作由中国农业银行、中国农业发展银行、农村商业银行和农村信用社负责办理。主要任务是:支持农村商品经济的发展,加速农村经济专业化、商品化、现代化进程,促进农村经济全面协调地发展”。

国内学者关于农村金融具体内涵的观点主要有两种:①周志祥(1987)、陈立(1991)、丁帮石(1992)等大多数学者认为,农村金融是农村货币流通和信用活动的总称,而且这种活动与农村经济活动密切相关[131-133]。②巩泽昌(1984)、丁文翔(1988)等学者认为,农村金融是在农村地区,以及农业内和与农业有密切联系的各个领域组织资金流通和调剂资金的活动[134-135]。

本书认为应当从以下五个方面来定义农村金融:①从客体地域来看,农村金融应是以围绕涉农项目或其他在农村的客体而开展金融活动,或者是在农村开展金融活动的金融;②从服务对象来看,农村金融应是以农民和农业企业为服务对象的金融;③从金融功能来看,农村金融应是具备为农村和农业经济服务的金融,目前主要是向农村和农业发展提供借贷资金支持;④从构成要素来看,农村金融应是包括所有能够为促进农村和农业经济发展提供金融服务金融机构、金融市场、金融产品、金融制度,以及调控机制等内容的集合,目前主要是涉农借贷、涉农借贷机制和涉农借贷机构;⑤从与其他行业的关系来看,农村金融是农村经济及农业经济与整个金融体系的交叉系统,是金融系统与农村和农业经济的接口部分。因此,农村金融既是金融系统的一部分或一个子系统,又是农村和农业经济的一部分或一个子系统。

4.农村金融体系的构成

与金融系统的一般构成相同,农村金融系统也由各种农村和农业金融机构、一系列的涉农金融制度和涉农金融监管机构组成。根据农村金融的运行和管理特征的不同,农村和农业金融机构体系通常被分为正规农村金融机构和非正规农村金融机构。正规农村金融机构包括农业政策性金融和农村商业性金融。非正规农村金融机构主要是农村民间借贷。

(1)正规农村金融机构。在我国,正规农村金融机构可分为农业政策性金融和农村商业性金融。

①农业政策性金融。目前国内外对政策性金融的概念尚无统一的定义，比较有代表性的观点如：日本的小滨裕久、奥田英信等将政策性金融定义为“为了实现产业政策等特定的政策目标而采取的金融手段，就是在利率、贷款期限、担保条件等方面予以优惠，并有选择地提供资金”；20世纪90年代初期，白钦先在其撰写的《金融大辞典·政策性金融卷》中，将政策性金融定义为是在一国政府支持下，以国家信用为基础，运用各种特殊的融资手段，严格按照国家法规限定的业务范围、经营对象，以优惠性存贷利率，直接或间接为贯彻、配合国家特定经济和社会发展政策而进行的一种特殊性资金融通行为；国家开发银行、中国人民大学联合课题组(2006)则认为，政策性金融不追求自身业绩，以优于商业性金融的条件向特定项目提供中长期大额贷款，其实质是财政拨款的延伸和补充，作用有限[136]。

综合上述观点，本书将农业政策性金融界定为：在政府的支持下，以国家信用为基础，对国家法定的支持“三农”的主要领域和对象，以优惠的存贷利率或条件，直接或间接为贯彻、配合国家的“三农”政策，而进行特殊性资金融通行为的金融体系。

农业政策性金融应具有以下七个方面的基本理论特征：一是以国家信用为基础；二是主要业务范围是国家法定的支持“三农”的主要领域和对象；三是优惠的存贷利率或条件；四是有稳定的资金来源；五是有完善的利益补偿机制；六是有健全的法律体系；七是运行机制比较独特。此外，长期以来，无论理论界还是实践中，都基本已经约定俗成地将农业政策性金融与农村政策性金融当成了在内涵和外延使用上是一致的概念，因此，本书只采用农业政策性金融这一概念。

目前在我国，农业政策性金融主要是就现有的农业发展银行而言的，但不是单就现有的农业发展银行而言的。据不完全统计，我国的农业政策性金融业务大概散落于27个不同政府职能部门。

②农村商业性金融。农村商业性金融是指在农村地区以商业性银行为主体的、以盈利为目的的金融组织体系。目前我国的农村商业性金融组织体系主要包括农业银行、邮政储蓄银行、农村商业银行、村镇银行等银行业金融机构，各种农业保险、信托、期货等非银行金融机构，以及各种形式的农村非正规金融

机构。

农村商业性金融也应具有以下四个方面的基本理论特征:一是以盈利为目的、以安全性为经营原则;二是主要凭借自有资本、资产和企业信誉来开展业务活动,实现经营目标;三是资金来源主要是吸收公众存款和自有资金;四是除了对贷款对象的资信程度有要求外,还往往采用对风险较高的贷款对象收取较高的风险报酬。

③农业政策性金融与农村商业性金融的主要区别如下:

一是金融资源配置主体和目标不同。商业性金融主体在微观金融资源配置中起着基础性的主导作用,而政策性金融主体则是在宏观金融资源配置中起着整体性调控作用,并在金融市场机制作用的盲区充分发挥主角的决定性作用。商业性金融配置资源以商业性金融主体经济利益最大化为核心的经济有效性为效率目标;政策性金融配置资源则是以社会效益为核心的社会合理性为效率目标。

二是资金来源与运用不同。在资金来源方面,商业性金融的资金来源主要是在平等互利的基础上,通过吸收存款、发行债券和股票等方式吸收社会闲散资金;政策性金融的资金来源主要是依靠政府信用,甚至国家行政手段获得财政资金、社会保障资金、中央银行借款或者发行融资债券。在资金运用方面,商业性金融将资金主要投放到回报率较高、收益稳定、微观经济效益较好的行业和项目,追求盈利最大化;政策性金融讲求政策性,将资金主要投放到国家法定的金融扶持项目,如社会效益好但自身收益低、商业性金融不能给予有效支持的项目等。

三是金融功能不同。商业性金融因吸收存款而具有信用创造功能,但政策性金融不具有信用创造功能,或者只具有微弱的信用创造功能。除此之外,政策性金融一般还有其特殊的功能,如补充与辅助性功能、逆向性选择功能、专业性服务与协调功能、直接扶持与强力推进功能等。

四是业务范围不同。商业性金融可以积极主动地参与各种一般的融资项目,可以主动地参与其他金融机构的竞争。但政策性金融必须在法定的特殊业务对象和业务范围,按照法定要求开展业务活动,并且一般不能与商业性金融进行主动性竞争。

五是适用的法律规范不同。商业性金融开展业务活动遵守的法律规范具有单一性特征,如通用的商业银行法、保险法、证券法等法律规范。政策性金融由于政策性强,所适用的法律规范具有多元性特征,如进出口银行法、开发性银行法、中小企业银行法,以及一些临时的金融政策等。

六是外部监管方式不同。商业性金融是由一般银行监管部门和保险监管部门监管,而政策性金融一般是由财政部及其他相关部门联合监管[137]。

(2)非正规农村金融机构。在我国,非正规农村金融机构主要是农村民间借贷。所谓民间借贷,是指在国家正规金融体系之外的,主要发生于个人之间、个人与企业、企业与企业之间的资金融通活动,这些民间金融活动未被官方监管和控制。

长期以来,农村民间借贷不仅一直存在,而且大有市场。农村民间借贷产生和存在的根基有主要有两个:一是较低的银行存款收益使得农村居民将部分积蓄资金投向民间借贷以增加收益;二是正规金融机构严格的贷款条件、复杂的贷款手续和漫长的贷款程序,使得许多的借款人不能,或者不能及时从正规金融获得资金,只得向民间借贷进行融资。

农村民间借贷大致分为以下几种形式:一是口头约定型。这种借贷形式完全依靠个人间的感情及信用行事,无任何手续。二是简单履约型。这是比较常见的借贷形式,双方只需简单地履行一下手续,一般都是仅凭一张借条或一个中间证明人即可成交。三是高利贷型。这种形式一般要求履行较为完整的手续,贷款利率也比银行要高出许多,贷款对象一般是急需资金的人或企业。

农村民间借贷的存在和发展,有利有弊,需要正确引导。农村民间借贷的利,主要表现在:一是农村民间借贷弥补了农村正规金融机构借贷供给不足、农村借贷资源极其匮乏的矛盾,从而有利于农民发展生产、搞活农村经济、促进农村发展。二是农村民间借贷的运行成本低、效率高,可以迫使农村正规金融改进工作,提高效率。但农村民间借贷的弊也是显而易见的,主要表现在:①农村民间借贷纠纷多,加剧了社会不安定因素。②农村民间借贷造成了大量资金体外循环,对农村金融秩序具有一定的冲击性,给国家宏观调控带来困难。③由于民间借贷往往利率较高,而借款人往往又是急需资金的人,这就很容易使借款人的收入过多地流入食利阶层,进而会加剧贫富两极分化。

鉴于此,建议由政府加强对民间借贷的管理,规范民间借贷行为,以充分发挥民间借贷的积极作用,防止和消除民间借贷的消极影响。

二、农业外部资金投入与农村经济发展

(一)我国促进现代农业发展的重要意义

在我国,促进现代农业发展具有特别重大的意义,主要表现在下述方面。

(1)促进现代农业发展,是推进新农村建设的逻辑起点。搞好新农村建设,必须选好切入点。一般认为,农业生产和农村经济发展是新农村建设的逻辑起点。要实现农业生产和农村经济发展,再走传统农业发展路径已经被实践证明是行不通的,国外、国内的先进经验均表明,必须走现代农业发展之路。因此,促进现代农业发展是推进新农村建设的逻辑起点。

(2)促进现代农业发展,是增加农民收入的现实途径。农民收入仍然主要来自农业的收入,但传统农业给农民带来的收入增长已经走向了极限,而现代农业是多功能农业,现代农业不仅仅是提供农产品,而且还提供生态保障、休闲观光、文化传承等多种功能,因而可以成为高效益产业,即现代农业除了通过发挥产品供给功能而增收外,还要重视通过发挥休闲观光、文化传承、生态保障等多种功能而增收。

(3)促进现代农业发展,是提升农业产业竞争力的迫切需要。加入 WTO 后,我国农业同时面临国内市场和国际市场的竞争,从而表现为机构与威胁并存:我国农业对外开放程度空前提高,致使我国部分土地密集型农产品进口大幅增长,而具有比较优势的农产品出口增长明显。但由于国际上大幅度提高了食品安全检测标准,这些具有比较优势的农产品出口面临的困难越来越大,出口空间越来越小。为了全方位提高我国农业的竞争力,必须大力促进现代农业发展。

(4)促进现代农业发展,是保障我国工业化和城镇化健康发展的重要条件。目前我国正处于工业化和城镇化快速发展时期,工业和城镇仍处于外延扩张阶段,一方面,工农业对土地、淡水等资源的争夺很激烈;另一方面,工业化和城镇化对农产品的需求巨大。面对资源和环境的双重约束,为保证我国工业化和城镇化,以及农业提供更大发展空间,既需要转变工业增长方式,也需要转变农业增长方式,大力促进现代农业发展,努力提高农业资源利用率和农业生产效率。

(二)农业外部资金投入对农业发展的影响

实践表明,发展农业,一靠政策、二靠科技、三靠投入,但最终都要依靠资金的支持。农业投入资金的来源,可分为农业生产者的自有资金、财政涉农资助资金和金融支农借贷资金三部分。就目前我国农业和农村发展对资金依赖的情况来看,对现代农业发展影响较大的是财政涉农资助资金和金融支农借贷资金,这两种资金来源都属于外部资金。关于财政涉农资助资金投入和金融支农借贷资金投入对农业经济增长或农业发展影响的研究,国内外不少学者进行了有益的探索,并取得了许多有价值的研究成果,但我国大部分研究都是只就农业财政投入与农业经济增长关系,或者只就金融借贷资金支农与农业增长关系为对象,而没有将财政涉农资助资金投入和金融支农借贷资金投入作为一个整体的自变量来研究。事实上,这两种资金来源以及农业生产者投入的自有资金,对农业生产来说都是资金投入——尽管这些资金来源的投入方向不同、管理方式和成本等也可能不同,但都是投入农业的资金。同时考虑到农业生产者的自有资金投入基本稳定,本书将财政涉农资助资金投入和金融支农借贷资金投入之和作为一个自变量(即农业外部投入资金),来实证研究农业外部资金投入与农业发展。农业现代化发展水平的最终综合表现是农业经济的增长和农民纯收入的提高。因此,以下将分别从"农业外部资金投入对农业增长的影响"和"农业外部资金投入对农民增收的影响"这两个方面来论述农业外部资金投入对农业发展的影响。

1.农业外部资金投入对农业增长的影响

结合我国农业统计的实际情况,本书选用《中国统计年鉴》中的"农林牧渔业"国内生产总值的增长代表农业经济增长。由于民间借贷数据、新型金融机构农业贷款数据无法获得,本书采用《中国统计年鉴》中各正规金融机构的"年度农业贷款余额"代替金融支农借贷资金,并以"国家财政农业投入"代替财政涉农资助资金投入、以国家财政农业投入与正规金融机构的年度农业贷款余额之和来近似作为农业外部资金投入总额。

根据中国统计年鉴,整理出 1995—2009 年共计 15 年的"农林牧渔业生产总值”和“农业外部资金投入总额”等数据(表 2.1)。

表 2.1　1995—2009 年外部资金支农效率分析数据

年份	农林牧渔业生产总值(Y)/亿元	国家财政农业投入/亿元	正规金融机构年度农业贷款余额/亿元	农业外部资金投入总额(X)/亿元
1995	20 340.9	574.93	1 544.8	2 119.73
1996	22 353.7	700.43	1 919.1	2 619.53
1997	23 788.4	766.39	3 314.6	4 080.99
1998	24 541.9	1 154.76	4 444.2	5 598.96
1999	24 519.1	1 085.76	4 792.4	5 878.16
2000	24 915.8	1 231.54	4 888.99	6 120.53
2001	26 179.6	1 456.73	5 711.5	7 168.23
2002	27 390.8	1 580.76	6 884.6	8 465.36
2003	29 691.8	1 754.45	8 411.4	10 165.85
2004	36 239.0	2 337.63	9 843.11	12 180.74
2005	39 450.9	2 450.31	11 529.9	13 980.21
2006	40 810.8	3 172.97	13 208.2	16 381.17
2007	48 893.0	3 404.7	15 429.3	18 834
2008	58 002.2	4 502.82	17 628.8	22 131.62
2009	60 361.0	6 720.41	21 622.5	28 342.91

资料来源:根据 2001—2010 年《中国统计年鉴》《中国金融年鉴》整理而得,其中,“正规金融机构年度农业贷款余额”为年鉴统计的各正规金融机构“年度农业贷款余额”之和;“农业外部资金投入总额”为“国家财政农业投入”加“正规金融机构年度农业贷款余额”之和。

通过表 2.1 分析,农林牧渔业生产总值与农业外部资金投入总额呈高度正相关,这表明农业资金投入规模对农业国内总产值增长有很大的正影响作用,因此应当进一步增加对现代农业的资金投入力度。①

① 在其他条件不变的情况下,农业资金投入每增加 1 元,农业国内总产值增加超过 1.67 元。

2.农业外部资金投入对农民增收的影响

根据《中国统计年鉴》,整理出 1995—2009 年共计 15 年的"农民人均纯收入"和"农业外部资金投入总额"等数据(表 2.2)。

表 2.2　1995—2009 年外部资金支农效果分析数据

年份	农民人均纯收入/元	国家财政农业投入/亿元	正规金融机构年度农业贷款余额/亿元	农业外部资金投入总额/亿元
1995	1 577.7	574.93	1 544.8	2 119.73
1996	1 926.1	700.43	1 919.1	2 619.53
1997	2 090.1	766.39	3 314.6	4 080.99
1998	2 162	1 154.76	4 444.2	5 598.96
1999	2 210.3	1 085.76	4 792.4	5 878.16
2000	2 253.4	1 231.54	4 888.99	6 120.53
2001	2 366.4	1 456.73	5 711.5	7 168.23
2002	2 475.6	1 580.76	6 884.6	8 465.36
2003	2 622.2	1 754.45	8 411.4	10 165.85
2004	2 936.4	2 337.63	9 843.11	12 180.74
2005	3 254.9	2 450.31	11 529.9	13 980.21
2006	3 587	3 172.97	13 208.2	16 381.17
2007	4 140	3 404.7	15 429.3	18 834
2008	4 761	4 502.82	17 628.8	22 131.62
2009	5 153	6 720.41	21 622.5	28 342.91

资料来源:根据 2001—2010 年《中国统计年鉴》《中国金融年鉴》整理而得,其中,"正规金融机构年度农业贷款余额"为年鉴统计的各正规金融机构"年度农业贷款余额"之和;"农业外部资金投入总额"为"国家财政农业投入"加"正规金融机构年度农业贷款余额"之和。

通过表 2.2 分析,农民人均纯收入与农业外部资金投入资金总额呈高度正相关,这表明农业资金投入规模对农民人均纯收入增长具有一定的正影响,应当进一步增加对现代农业的资金投入力度。①

三、金融支持现代农业发展的意义

农业的基础性地位和弱质性特征,要求金融支持现代农业发展;金融的功能和自身的发展机制也要求金融支持现代农业发展;我国各级政府非常鼓励金融支持农业发展;金融支持现代农业发展,可以获得互长互进的效果。

(一)农业的性质决定其需要金融的支持

农业的基础性地位和弱质性特征,决定了其需要金融的支持。

农业是我国国民经济的基础,农业为国民经济的持续、稳定发展做出了重大贡献。首先,农业为国民提供赖以生存的粮食,减少了我国民生和经济对国外的依赖。其次,农业为我国工业发展提供原材料,全国居民的大部分生活必需品都是以农业产品为原材料加工而来的。再次,我国大部分人口是农村居民,农业为解决我国劳动力就业发挥了重要的作用。最后,随着我国农业的发展,农业剩余劳动力向非农业转移,为农村非农产业和城市经济发展提供了大量劳动力。可见,我国农业在扩大我国社会商品总供给、保障我国社会安定和谐、促进我国经济发展、提高我国人民生活水平方面发挥着基础性作用。

农业是我国的基础性产业,但其弱质性特征明显。首先,由于农业生产对自然条件的依赖程度很高,农业收成受自然条件变化的影响很大,再加上市场情况变化越来越频繁,农业经营风险很大、收益率较低;其次,我国农业生产的组织化程度低,投资能力弱,抗风险能力差。

农业的基础性地位,决定了我们必须大力发展现代农业。农业的弱质性特征,决定了我们必须大力增加对农业的投入,以①提高农业生产技术、改善农业

① 在其他条件不变的情况下,农业资金投入每增加1亿元,农民人均纯收入将增加0.148 3元;按统计的2009年我国农村人口71 288万人计算,农业资金投入每增加1亿元,全国农民总的纯收入将增加约1.057 2亿元。

生产条件,减少农业对自然条件的依赖;②提高农业生产的组织化程度、扩大农业生产规模,增强农业抗风险能力;③实现农业生产信息化,降低农业生产的市场风险。增加对农业的投入需要大量的资金。农业投入资金的来源渠道主要是以下三个:一是农户(或农业企业)的自有资金;二是国家财政支农资金;三是各种形式的金融资金。在我国,农户(或农业企业)的自有资金非常有限且积累较慢,国家财政资金又严重不足,财政支持农业发展的力度明显不够,因此,金融资金支持农业的发展就非常有必要。

(二)金融的功能决定其应当支持农业发展

首先,金融作为现代经济的核心,其主要功能之一就是吸收社会闲散资金,向有发展前途、需要鼓励发展而又资金不足的产业注入资金,以支持该产业的发展。在我国,农业是国民经济的基础,但农业的弱质性特征明显,资金严重缺乏,因而理应获得金融资金的大力支持;有关金融机构也应当充分发挥网点多、分布广等优势,吸收社会闲散资金投向农业,以促进农业的发展。

其次,金融的发展也离不开其他经济部分的发展,而其他经济部分的发展又以农业的发展为基础。因此,金融的持续发展最终离不开农业的发展。所以,金融资金应当支持农业的发展,以为自身的可持续发展奠定基础。

最后,我国金融资金支持农业和农村发展也是自身竞争发展的需要。国外金融正在逐步向我国渗透,这些国外金融有的就直接伸向我国广大农村市场(如中欧与我国天然林保护中心合作的“天保小额信贷”等),这就要求我国的各种金融组织早日占领和掌握我国农村金融市场。

(三)金融支持农业发展的前景看好

我国国民经济增长势头一直良好;政府对农业的支持力度一再加强,农业发展环境得以逐步优化,农业现代化进步很快;我国金融体制也在进一步完善,农村金融发展迅速。因此,在我国,金融支持现代农业发展的前景非常看好,主要表现在以下两个方面:

一是中央对金融支持现代农业发展的鼓励态度十分明显。我国2003—2010年的中央一号文件,都在完善农村金融体系、加大金融支持农业发展方面作了重要部署。此外,各级政府还出台了一些旨在促进金融支持现代农业发展的优惠政策。中央政府出台的优惠政策，如《中共中央、国务院关于促进农民增加收入若干政策的意见》（中发〔2004〕1 号）规定有创新金融服务机制，支持农业和农村经济发展，促进农民增收的政策优惠；《财政部、国家税务总局 关于农村金融有关税收政策的通知》（财税〔2010〕4 号）规定了通过减免营业税、所得税等优惠举措，支持农村金融发展，解决农民贷款难问题。地方政府出台的优惠政策，如中国人民银行福州中心支行《关于创新金融服务机制支持农业和农村经济发展促进农民增收的指导意见》（闽政办〔2004〕136 号），就如何“进一步创新金融服务机制，支持农业和农村经济发展，促进农民增收，努力实现城乡经济全面、可持续、协调发展”作了具体而详细的规定。

二是金融机构体系的持续完善和农业经营效益的持续提高，使得金融支持现代农业发展能取得互长互进的效果。一方面，首先，随着我国农业技术的进步和农业生产环境的改善，农业逐渐由传统农业向现代化农业转变，农业收益率提高，农业投资风险降低。其次，随着农民文化素质的提高和生活水平的提高，农户诚信意识大大增加。所有这些，都降低了金融资金支持农业的风险，提高了金融资金支持农业的收益。另一方面，金融机构可以利用其网络优势，搜集到大量有价值的市场信息及经济信息，还可以利用其专业优势，对各种信息做出及时的反应，农业与金融合作，不仅可以获得资金来源，还可以从合作金融机构获取相关信息来指导其经营和生产，从而降低其生产经营的市场风险。

四、研究所依据的理论基础

本书研究所依据的理论，主要包括：发展经济学的农业发展理论、西方经济学的金融发展理论和农村金融理论，以及博弈理论等。其中，发展经济学的农业发展理论主要是资本形成理论和农业投资理论，以及农业转型发展理论；西方经济学的金融发展理论和农村金融理论主要是“金融与经济平行发展理论”“金融抑制和金融深化理论”“金融约束理论”和“农业信贷补贴论”。这些理论都从不同角度为我国金融支持现代农业发展的研究提供了重要的理论支持。

(一)发展经济学的农业发展理论

发展经济学是研究发展中国家的经济增长和经济发展问题的经济学。我国是一个以农村和农业为主体的发展中国家。因此,发展经济学的相关理论对我国农业现代化转型发展具有重要的理论指导意义。发展经济学关于农业发展的理论,主要有资本形成理论和农业投资理论、农业转型发展理论等。

1.资本形成理论和农业投资理论

资本形成理论是发展经济学的核心内容之一,它阐述了实现经济增长的关键要素是资本形成,论证了资本积累量的大小是决定经济增长率高低的关键要素。经济增长理论中的“罗斯托经济增长阶段与起飞模型”“哈罗德—多马经济增长模型”“发展中国家的生产函数模型”“阻碍机制模型”等,全面的实证分析了发展中国家促进经济增长的因素。所有这些模型或实证研究都表明:发展中国家实现经济增长的主要因素是资本投入的增加,资本形成是发展中国家经济发展的主要源泉。我国作为发展中国家,经济增长的实践也证明,我国经济增长的长期性制约因素是资本短缺或资本形成不足,尤其在农业领域。资本形成依赖于投资。

投资规模与投资效率是农业投资问题的两个重要方面,取决于农村金融体系,尤其是农村金融激励制度、农村资金市场体系的完善与培育等因素。但发展中国家经济落后,农业投资制度与环境并不完善,特别是农村资本市场存在严重缺陷,阻碍了农业投资增长,并在相当程度上成为投资低效率的基本机制。

农业投资可分为农业公共投资和农业私人投资。农业公共投资是由政府出资、主要投向农业和农村公共产品的投资。农业私人投资是由私人资本出资,主要投向私人产品。

2.农业转型发展理论

发展经济学关于农业转型发展的理论主要包括霍利斯·钱纳里的“要素引入模型”和舒尔茨的“结构转换发展模型”。

霍利斯·钱纳里提出了“要素引入模型”理论,由于传统农业缺乏现代生产要素,特别是缺乏现代资本和技术要素的投入,导致其低效率。因此,向现代农业转型的一个基本途径就是,增加技术和人力资本的投入,为传统农业持续培育新的生产率增长的源泉。

舒尔茨的"结构转换发展模型"理论[10]强调发展就是一种经济形态成功转化为另一种经济形态。包括两个基本部分:"资源再配置"和"量—质转换"。具体到农业转型,"资源再配置"是指在通过对农业生产过程中增加新的资本资源和技术资源投入,同时实现资源存量增长和资源再配置的整体增长;"量—质转换"则是"资源再配置"效应的具体体现,即追加投入新要素,促进了农业产业结构的转换,使得农业资源配置优化、农业全要素生产率持续提高、农业生态环境不断改善。总之,"量—质转换"不仅是农业经济结构的转变、升级过程,同时也是农业经济中高效率资源替换低效率资源的过程①。

(二)西方经济学的金融发展理论

金融发展理论最初始于熊彼特(1911)的《发展经济学》(*The Theory of Economic Development*),后完善于翰·格利和爱德华·肖合著的《经济发展的金融方面》(1955)和《金融理论中的货币》(1960),以及戈德史密斯(Goldsmith)《金融结构与经济发展》(1969)。

金融发展理论主要包括三大研究成果:一是"金融与经济平行发展理论";二是"金融抑制和金融深化理论";三是"金融约束理论"。此外,针对发展中国家农村金融的理论,还有"农业信贷补贴论"等。

1.金融与经济平行发展理论

戈德史密斯(Goldsmith,1969)提出了金融相关比率(Financial Interrelations Ratio,FIR)和金融中介比率的概念,并通过对35个国家从1860—1963年包括该两个指标在内的相关数据的计算分析,认为:经济发展与金融发展是同步进行的,存在着显著的正相关关系。金融相关比率(FIR),是指某一时点上一国金融工具的市场总值与实物形式的国民财富的市场总值的比值(戈德史密斯,

① 这一过程即实现对传统农业"低效率均衡"向"高效率均衡"的持续改进。

1969)。一国的经济越发达,其 FIR 值就越大,即 FIR 值与经济发展水平同方向变动。金融中介比率,是指金融中介机构在国内非金融部门融资总额中所占的融资份额,反映了金融的广度和深度。在流量方面,金融中介比率表现为国内金融机构在一定时期内所获取的国内非金融部门和国外部门发行的金融工具净额占发行总额的比率。在存量方面,金融中介比率表现为用未清偿的金融工具总值除以某一特定时期国内金融机构所持有的国内非金融部门和国外部门发行的债务和股权证券的市场价值之商。

2.金融抑制和金融深化理论

罗纳德·麦金农(Mekinnon,1973)出版的《经济发展中的货币和资本》和爱德华·肖(Shaw,1973)出版的《经济发展中的金融深化》两本著作,较为系统地提出了金融抑制和金融深化理论,其核心思想是:导致发展中国家经济落后的主要原因是金融抑制,只有解除金融抑制或实行金融市场的完全自由化,才能使经济有效增长。

麦金农和肖都认为,各国普遍建立的以抑制为特征的金融制度是发展中国家经济和金融发展停滞不前的重要原因。发展中国家普遍存在着金融领域本身机制被压制或扭曲的情况,这使得利率扭曲、资金总量矛盾突出、信用工具不足、信用形式单一,在一定程度上阻碍和破坏了经济发展,这就是"金融抑制"。因此,发展中国家应根据其不完全的市场竞争环境,推行以金融深化为目的的金融发展战略,消除金融抑制,扩大金融活动的广度和深度;挖掘国内闲置资金,提高国内金融资本的存量;用价格机制与分权机制代替金融配给机制,用现代金融机构取代资金黑市,拓展储蓄者对投资机会的选择区间;减少人为因素对金融市场的干预,减少政府对货币金融体系的过多管制,放开金融市场,充分利用市场机制的作用,借助市场的力量以实现利率、储蓄、投资与经济增长的协调发展。这就是"金融深化"。

农村金融问题的研究者将金融抑制和金融深化理论移植到农村金融理论领域,形成了农村金融抑制论,并在 20 世纪 80 年代后成为农村金融的主导理论。

农村金融抑制论认为,农村金融资金的匮乏,是由于政府管制、利率控制等一系列不合理的农村金融制度安排抑制了农村金融的发展。例如:工农"二元经济”结构国家的金融政策一般是偏向城市工业部门,而对农村农业部门一般采取金融抑制政策,导致城市工业低成本地汲取农村剩余资金,造成农村金融资本外流;政府对农村自由资金融通进行管制,严重挫伤了金融市场的发育和金融资本的供给;等等。

因此,农村金融抑制论强调市场机制的作用,主张减少政府干预,充分发挥金融市场作用;提倡农村金融利率市场化,实现农村金融资金的供求平衡;建议取消专项特定目标贷款制度,适当发展非正规金融市场。农村金融抑制论还主张[138]:①农村贫穷落后的原因和后果是金融抑制,必须将农村金融深化和农村扶贫开发紧密结合。②由于农民分散、缺乏组织、科技文化水平较低,因此,在利用金融深化来发展农村经济的同时,还必须注重对农民的教育和技术支持。③农业本身具有弱质性、低利性和外部性的特征,因此,在农村金融深化的过程中,政府通过农业政策金融为农业发展提供充足的信贷资金。

3.金融约束理论

麦金农和肖的以金融自由化为主的金融抑制和金融深化理论,在20世纪70年代初强烈地激发了发展中国家的以自由化为趋势的金融改革浪潮。然而,由于发展中国家的金融发展水平太低,机构组织过于薄弱,储蓄动员能力差等原因,多数发展中国家的金融自由化的结果与理论相差甚远,金融自由化改革并没有形成金融发展和经济发展相互促进的良性循环。到20世纪90年代,以罗伯特·金(King,1993)和莱文(Levine,1993),以及凯文·穆尔多克(Merton)、托马斯·赫尔曼(Hellmann)、约瑟夫·斯蒂格利茨(Stiglitz)等为代表的许多经济学家提出了“金融约束”论,又称为“不完全竞争市场理论”。

“金融约束”论认为,金融抑制和金融深化理论存在诸多缺陷,提出的政策主张过于激进,如对发展中国家的经济或转型经济来说,适宜的政策选择是金融约束,而不是金融自由化。“金融约束”,是指政府通过一系列的金融政策,在金融部门和生产部门创造租金机会。创造租金机会不是经济学通常所说的无供给弹性的生产要素的收入,而是超过竞争性市场所产生的收益。

“金融约束”论主张政府要优先发展金融,不能让金融发展滞后于经济增长,并主张政府有必要对金融进行适当地干预。①在现实经济发展中,发展中国家的金融市场不可能是一个完全竞争市场，由于存在信息不对称、代理行为以及道德风险等因素，市场很难合理有效地配置资金资源，即存在市场失效，因此仅仅依靠市场机制是很难培育出社会所需要的金融市场的，这就需要通过政府适当的干预来矫正，这就是“金融约束”。②金融约束为金融部门和生产部门创造“租金机会”，通过“租金效应”和“激励作用”，可以规避潜在的逆向选择和道德风险，鼓励创新，维护金融稳定，促进经济发展。

农村金融抑制论虽然比农业信贷补贴论更先进，但不一定能通过利率市场化使农户充分地获得正式金融市场的贷款。因为利率市场化虽然能够弥补借款人的贷款风险和高交易成本，满足借款农户的贷款需求，但实际上，由于农户缺少借款担保品，会增加道德风险，因此不一定能够促使农村金融机构主动去借款给农户，这就仍然需要政府的介入。为了解决这一问题，20 世纪 90 年代“金融约束”论产生以后，农村金融问题的研究者又将“金融约束”论移植到农村金融理论领域，形成了农村金融约束论。

农村金融约束论认为：农村金融市场，尤其是发展中国家的农村金融市场，是一个不完全竞争的市场，信息不对称的现象大量存在，仅仅依靠市场机制，是很难培育出合适的农村金融市场；为此，政府应当采用间接调控机制对农村金融市场进行适当的监管，重点是要解决农村金融市场的信息不对称问题，政府也可以采取一定的措施促使借款人组织化，其中小组贷款是一个可行的选择。因为小组贷款使得同样类型的借款者聚到一起相互监督，约束了个人从事风险性大的项目，逆向选择问题从而被有效解决。

农村金融约束论主要有以下五项政策建议：①在农村金融市场形成初期，政府应当通过增加外部资金供给来抑制利率的增长；②建立互助合作组织，以抵御不完全信息带来的风险；③采用融资与实物买卖相结合的确保贷款回收的有效方式；④政府应该适当介入改善非正规金融市场效率较低的问题；⑤为了促进金融机构的发展，给予一定的特殊政策。

4.农业信贷补贴论

农业信贷补贴论认为，农业具有投资期长、收入不确定、收益低等弱质性特征，难以成为商业银行的投资对象。同时，农村居民（特别是贫困居民）没有储蓄能力,农村资金不足。因此,农村商业金融不能持续,资金大量外流,农村金融陷入困境。只有从农村外围获得政策性资金,并建立非营利性的专业金融机构来分配资金,才能解决这一问题。农业信贷补贴论还认为,农户从非正规金融组织借款的利率较高,这样使得农户更加穷困,阻碍了农业生产的发展。因此,应该使农业的融资利率低于其他产业,这样才能缩小农业与其他产业之间的收入差距。

农业信贷补贴论在当前我国仍具有重要的价值:①作为农业信贷补贴理论的基本假设前提,资金不足仍是当前我国农村最基本的现实状况——尽管当前我国农村居民具有了一定储蓄能力,农村储蓄也已经成为整个国民储蓄的一个重要的和稳定的组成部分,但农村储蓄资金外流现象严重、农村信贷资金供给不足的问题突出。②农业信贷补贴理论关于商业银行不愿涉足农村信贷服务的分析,为解释和预测我国农村储蓄资金外流、农村信贷资金供给不足的问题提供了理论指导。③农业信贷补贴理论建议为农业发展提供政策性资金支持的政策主张,为我国制定农业发展与农村金融政策提供了很好的理论依据。即,由农业的弱质性特征所决定,农村信贷需求具有额度小、频次高、分散性、信息不对称等特点,进而决定了农村信贷服务风险大、成本高、低收益,使得商业银行不愿介入农村金融市场。因此,我国农村金融问题的解决不能仅仅依赖于单纯的农村金融市场化改革,而应把发展政策性金融和合作金融作为主要突破口。

当然,农业信贷补贴论也存在以下重大的缺陷:①很难调动农民的存款积极性,并且,由于政策性的农村信贷机构难以有效地监督借款者的资金流向,往往导致资金使用率低、资金回收率低等一系列问题。②"当低的利率上限使得农村贷款机构无法补偿由于贷款给小农户而造成的高交易成本时,那么官方信贷的分配就会偏向于照顾大农户"[139],穷人很难真正受益。③通过建立非营利性的专业金融机构来分配资金,往往容易导致对农村金融市场机制作用和对农村金融市场机制运用的忽视。④对农村政策性金融与商业性金融间应有的互相配合、互相促进的辩证统一关系认识不够。事实上,农村信贷需求是多样化的,需要与之相适应的多样化金融供给;并且,多样化金融供给是由多层次、多种功能的金融服务有机组成的,这就要求政策性金融、商业金融、合作金融以及其他金融在合理分工基础上的相互配合,共同促进农村和农业经济发展。其中,实现相互促进良性发展的根本前提是各金融形式之间分工明确并相互配合。这就首先要求政策性金融的服务边界只能立足于对市场失灵的补救,而不能损害商业金融的利益;其次为实现政策性金融的良好运转,可以适当引入商业金融的运行原则,必要时也可以借助商业金融组织完成政策性金融活动。发达国家的相关经验也表明,政策性金融通过委托给商业金融组织来代理完成,不仅可以降低政策性金融活动的成本,还有利于提高政策性贷款的回收率。

(三)经济博弈理论

在我国,农业资金来源有农民自有资金投入、中央和地方的农业政策性资金、商业信贷资金等,涉及农民、中央政府、地方政府、银行、私人借贷主、企业等不同的利益,这些利益之间的关系是博弈关系,因此在相关的分析中需要用到博弈理论。

1.基本概念

博弈论(game theory)亦称“对策论”“赛局理论”,是一种处理竞争与合作问题的数学决策方法,主要研究二人在平等的对局中为了达到取胜的目的,各自利用对方的策略变换自己的对抗策略。也有人将博弈论定义为:是指某个个人或组织,面对一定的环境条件,在一定的规则约束下,依据所掌握的信息,从各自允许选择的行为或是策略进行选择并加以实施,并从中各自取得相应结果或收益的过程。简单地说,博弈论是研究竞争中参加者为争取最大利益应当如何做出决策的数学方法。

2.博弈的分类

一般认为,博弈主要有合作博弈和非合作博弈。合作博弈是指相互发生作用的当事人之间有一个具有约束力的协议;非合作博弈是指相互发生作用的当事人之间没有一个具有约束力的协议。

按照参与人对其他参与人的了解程度分为完全信息博弈和不完全信息博弈。完全信息博弈是指在博弈过程中,每一位参与人对其他参与人的特征、策略空间及收益函数有准确的信息。不完全信息博弈是指如果参与人对其他参与人的特征、策略空间及收益函数信息了解得不够准确,或者不是对所有参与人的特征、策略空间及收益函数都有准确的信息。

从行为的时间序列性,博弈论分为静态博弈、动态博弈两类。静态博弈是指在博弈中,参与人同时选择或虽非同时选择但后行动者并不知道先行动者采取了什么具体行动;动态博弈是指在博弈中,参与人的行动有先后顺序,且后行动者能够观察到先行动者所选择的行动。

3.**博弈论的分析范式**

在博弈论中,由塔克给出的"囚徒困境"(prisoner's dilemma)博弈模型是含有占优战略均衡的一个著名例子。即:假设有两个小偷 A 和 B 联合犯罪被警察抓住,警察在两个不同的房间内审讯两名疑犯,警方给出的政策是:如果两人都坦白了罪行,将各被判刑 5 年;如果只有一人坦白,另一人抵赖,坦白者将被立即释放,而抵赖者将被加刑 3 年(即被判刑 8 年);如果两人都抵赖,则都将因犯罪证据不足而被释放。这个博弈的支付矩阵见表 2.3。

表 2.3 囚徒困境博弈

A、B	坦白	抵赖
坦白	-5,-5	0,-8
抵赖	-8,0	0,0

在表 2.3 中的 4 种行动选择组合中,(抵赖、抵赖)是帕累托最优的,因为其他任何行动选择组合都至少会使一个人的境况变差。但不难看出:

在 A、B 双方没有预先达成协议的情况下,"坦白"是任一疑犯的占优战略,而(坦白、坦白)是一个占优战略均衡。因为,对 A 来说,尽管他不知道 B 作何选择,但无论 B 选择什么,他选择"坦白"总是最优的。根据对称性,B 也会选择"坦白",结果是两人都被判刑 5 年。这就是非合作博弈。

如果 A、B 双方事先达成了抵赖的协议,并且有足够的力量促使双方守约,则"抵赖"是任一疑犯的占优战略,而(抵赖、抵赖)是一个占优战略均衡。因为,对 A 来说,他知道 B 会做出抵赖的选择,因此自己也选择"抵赖"是最优的。根据对称性,B 也会选择"抵赖",结果两人都被无罪释放。这就是合作博弈。

第三章　我国农业发展及其金融支持的历史回顾

一、农业发展的历史回顾

(一)农业发展的基本历程

自中华人民共和国成立以来,我国农业经济获得了很大发展,其发展情况大致可以分为以下三个阶段:

第一阶段(1949—1978 年):生产恢复与初步发展时期。这一阶段又可分为 4 个时期:①农业生产初步发展时期。中华人民共和国成立后,国民经济开始恢复。在"一五计划"时期,由于全国扩大耕地面积,发展水利事业,推广优良品种,我国的农业生产获得了稳定的发展。农业总产值 1957 年比 1952 年增长 25%,环比年均增长率为 4.5%(林善浪,2003)[90]。②农业生产被破坏时期。1958 年开始的人民公社化运动和随后的"大跃进"运动,导致了我国生产秩序的混乱,给我国农业生产和农民生活带来极大的破坏,主要表现在:谷物产量 1960 年比 1957 年下降了 23.5%,直接威胁着国家粮食安全;城乡人均粮食消费量 1960 年比 1957 年下降了 24%。③农业生产恢复时期。面对严峻的国民经济形势,我国于 1961 年开始被迫进行了为期 5 年的全面大调整,农业生产也因此而得到了迅速恢复,至 1965 年,全国粮食等主要农产品产量大体上恢复到了 1957 年的水平。④缓慢增长时期。自 1966 年起,我国开始了持续十年的"文化大革命",由于长期关闭自由市场,抑制家庭副业,强调"以粮为纲",致使我国本来单一经营的农业更加单一,因而造成我国农业经济增长缓慢。在这13年中,我国农业总产值仅增加45%,环比年平均增长率仅3.1%;到20世纪70年代末,农产品仍然实行统购统销,粮食供应紧张状况没有好转,仍然没有解决当时约2.5亿农村人口的温饱问题[91]。

第二阶段(1979—1992年):农业高速增长时期。1978年党的十一届三中全会以后,随着我国改革开发的扩大,我国的农业生产制度也发生了翻天覆地的变化,农业和农村经济都获得了飞速发展,农民生活水平日益提高。从1979—1984年,全国农业总产值年均增长7.6%;相比1979年,在播种减少6%的情况下,1984年粮食增产幅度超过了1/3,人均粮食占有量达到393千克,接近世界平均水平,长期低定量供应的紧张状况得到缓解,10亿人口的温饱问题基本得到解决。至1988年,我国粮食产量创下了历史最高纪录。1984—1988年的5年间,我国农业总产值以环比年均4.1%的速度增长。其后,尽管自然灾难较多,但农产品仍有较大增长。在农业经济调整增长的同时,我国农村乡镇企业发展异常迅猛,年均环比增长速度达50%,产值占农村社会总产值的比重由20%上升至50%,从而使我国农村产业结构发生了很大的变化。但美中不足的是,尽管农业总产值增长很快,但农民收入增长缓慢,1984—1988年5年环比年均增长率只有1.2%,1997年农民实际收入甚至出现负增长,城乡居民的收入"剪刀差"不断扩大。

第三阶段(1992年以来):农业全面发展时期。1992年中共十四大明确提出建立社会主义市场经济体制的目标和农村土地制度建设的基本框架以后,我国农村市场经济体制逐步得以建立。其后,随着一系列国家支持和保护农业制度的建立,大大提高了农村市场化程度,市场机制在农业资源配置中起到了越来越大的作用。在一系列促农政策的激励下,我国粮食产量在1996年达最高峰,为50 453.3万吨。这一时期的牧业增长率多数年份在10%以上,渔业增长率多数年份在15%以上;农业结构也发生了很大的变化。但是,农民收入水平增长缓慢,增速连年下滑的趋势并没有得到根本遏制,且已经成为农村经济进一步发展的桎梏。

(二)农业发展的主要成效

中华人民共和国成立以来,尤其是改革开放以来,我国农业和农村经济取

得了举世瞩目的成就,主要表现在以下六个方面:

(1)粮食及主要农产品稳定增长。2011 年,我国粮食总产量达到 57 121 万吨,实现了连续 7 年稳定增产,比 1980 年增长 78.19%;油料产量达到 3 279 万吨,比 1980 年增长 528.41%;棉花产量达到 660 万吨,比 1980 年增长 204.56%;其他农产品,如糖料产品、水果、肉类产品、水产品等,增长率均在 3 倍以上。目前,我国谷物、棉花、水果、蔬菜、肉类、禽蛋和水产品产量连续多年位居世界第一。其中,我国用不到世界 9%的耕地和全球 6.5%的淡水资源养活了占世界 21%的人口,被认为是世界“奇迹”。

(2)农产品质量稳步提高。我国农产品在产量稳定增长的同时,质量也获得了很大的提高。一是无公害食品、绿色食品、有机食品生产量日益扩大。二是农产品质量安全水平稳步提高。《农产品质量安全法》的贯彻实施和“无公害食品行动计划”的深入推进,农产品质量追溯体系和监测体系的建立健全,以及对农业生产投入品和生产环境监测力度的不断加大,推动农产品质量的安全水平稳步提高。根据农业部的最新资料,2011 年蔬菜中农药残留检测合格率达到 94%以上,畜产品瘦肉精检测合格率达到 99%以上,农产品质量总体是安全、放心的。三是优质品种覆盖率大幅度提高。据农业部门统计,在我国现有主要农作物的种植品种中,优质品种覆盖率已达到 95%[140]。

(3)农民收入持续较快增长。我国政府一直非常重视农民收入问题,并采取了一系列政策和措施,如财政补贴、扶贫开发、建立和完善农村社会保障体系等,增加了农民的收入,极大地改善了农业人口的生活水平。农民收入从“九五”期间缓慢的增速甚至下降的状态变为“十五”期间农民收入的增长速度稳步回升,农村贫困发生率从 2000 年的 10.2%下降到 2010 年的 2.8%。农民的生活水平进一步得到改善和提高,恩格尔系数由 2000 年的 49.1%下降到 2010 年的 41.1%。

(4)农业和农村经济结构不断优化。主要表现在以下四个方面:①我国农村经济结构发生了历史性变化,农村各业平稳协调发展,尤其是农村二、三产业不断壮大,乡镇企业异军突起。②我国农业在食物保障、原料供给和就业增收功能不断强化的同时,功能不断获得拓展,生态保护、观光休闲、文化传承功能等新功能日益彰显。③农产品品种结构和品质结构不断优化,优质农产品和高效经济作物快速发展,无公害食品、绿色食品、蔬菜、水果、茶叶、花卉、中药材等园艺产品发展势头进一步加快,成为农业结构调整的亮点。④主要农产品逐步向优势产区集中,逐步打破了长期以来形成的"大而全、小而全"农业生产格局,农业区域化布局、专业化分工的趋势逐步显现,农业生产布局不断得以优化。

(5)农业层次上升,农业综合生产能力和农业经营抗风险能力进一步提高。主要表现在以下三个方面:①政府对农业基础设施建设投入力度进一步加大,一大批重大农业基础设施建设项目进展顺利,农业生产条件得以改善。②农业科技进步不断加快,新农业品种、新农业生产工具和新农业生产技术的推广和广泛应用,对农业发展的推动作用十分显著。例如,超级水稻品种的推广应用,大幅增加了粮食产量,对维护国家粮食安全起到了极其重要的作用;2011 年全国农机总动力达到 9.7 亿千瓦,大大提高了农业生产效率;人工育种繁育技术、中低产田改良和区域农业综合开发技术、农业节水技术、防病防虫防疫技术、种植饲养技术、工厂化规模种养技术、大面积人工速生丰产林技术等新农业生产技术的不断创新和广泛应用,为实现资源的可持续利用和保证农业生产的持续稳定增长提供了技术支持,极大地缓解了我国人多地少的矛盾,改善了农业生态环境。据测算,我国农业科技进步的贡献率已由中华人民共和国成立初期的 20%上升到现在的 49%以上。③农业组织化程度不断提高。党的十五大和十六大中央明确提出积极发展和积极推进农业产业化经营要求后,我国的农业产业化经营发展迅速。截至 2012 年年底,全国各类农业产业化经营组织达到28.4 万个,比 2002 年增长 3.1 倍;其中龙头企业近 11.1 万家。各类农业产业化经营组织带动农户 1.1 亿户,户均年增收 2 400 多元。

(6)政策的放开和农业生产效率的提高,解放了大批农业和农村劳动力,大批剩余农业和农村劳动力转移向工业和城市,促进了城市和工业的发展,增加了农民收入,带动了乡镇企业的发展,提高了农村居民的科技和文化素质。

(三)农业发展的主要问题

改革开放以来,虽然我国农业和农村经济获得了全面快速发展,但也暴露出了许多的问题,主要表现在以下几个方面:

(1)农业增长落后于其他行业且波动较大。如图 3.1 和图 3.2 所示,我国近年来的农业总产值增长较快,但仍落后于国内生产总值的增长速度,而且波动较大,充分表现了农业的弱质性特征。

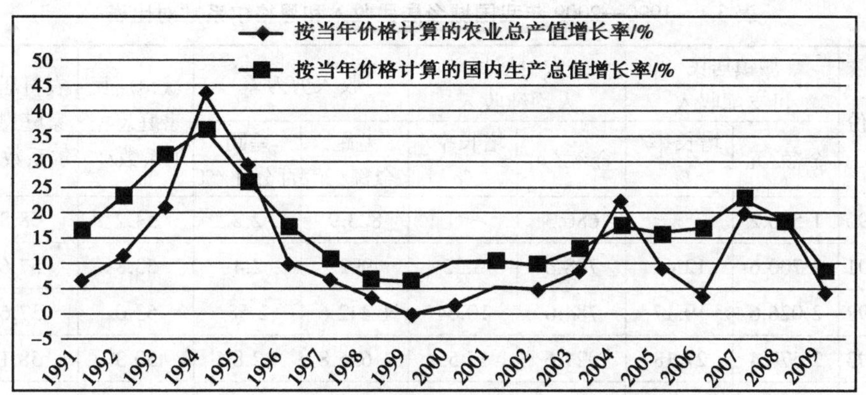

图 3.1　按当年价格计算的农业总产值增长率与国内生产总值增长率比较图

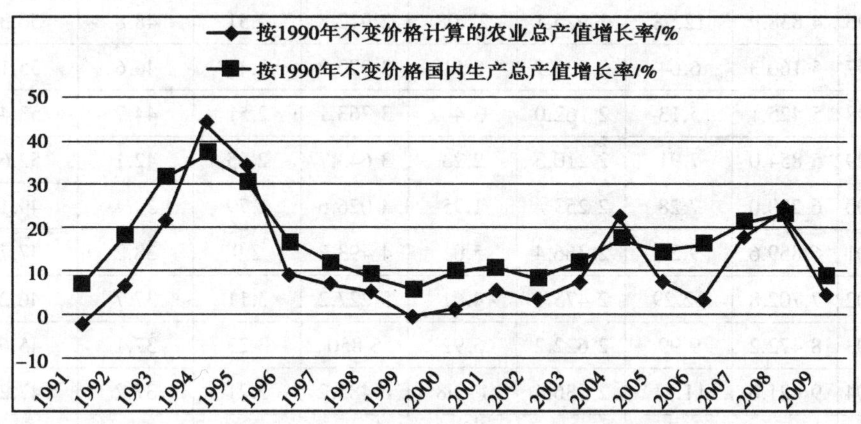

图 3.2　按 1990 年不变价格计算的农业总产值增长率与国内生产总值增长率对照图

(2)城乡居民收入差距不断扩大。经过多年的改革开放,我国农民收入增长较快,但城乡居民收入差距也在不断扩大(见表 3.1 和图 3.3—图 3.7 所示):从 1990—2009 年,城乡居民收入“剪刀差”在迅速扩大,农村居民人均纯收入增长速度长期低于城镇居民可支配收入增长率,城乡居民人均收入差距金额逐年呈快速上升趋势,城乡居民人均收入差距比逐年递增,城乡居民家庭恩格尔系数差距也长期呈现出小幅扩大的趋势。

表 3.1 1990—2009 年我国城乡居民收入和恩格尔系数对比表

年份	城镇居民可支配收入		农村居民人均纯收入		收入剪刀差		城镇居民家庭恩格尔系数/%	农村居民家庭恩格尔系数/%
	金额/元	增长率/%	金额/元	增长率/%	差距金额/元	差距百分比/%		
1990	1 510.2		686.3		823.9	2.2	54.2	58.8
1991	1 700.6	12.61	708.6	3.25	992	2.4	53.8	57.6
1992	2 026.6	19.17	784.0	10.64	1 242.6	2.58	53.0	57.6
1993	2 577.4	27.18	921.6	17.55	1 655.8	2.8	50.3	58.1
1994	3 496.2	35.65	1 221.0	32.49	2 275.2	2.86	50.0	58.9
1995	4 283.0	22.5	1 577.7	29.21	2 705.3	2.71	50.1	58.6
1996	4 838.9	12.98	1 926.1	22.08	2 912.8	2.51	48.8	56.3
1997	5 160.3	6.64	2 090.1	8.51	3 070.2	2.47	46.6	55.1
1998	5 425.1	5.13	2 162.0	3.44	3 263.1	2.51	44.7	53.4
1999	5 854.0	7.91	2 210.3	2.23	3 643.7	2.65	42.1	52.6
2000	6 280.0	7.28	2 253.4	1.95	4 026.6	2.79	39.4	49.1
2001	6 859.6	9.23	2 366.4	5.01	4 493.2	2.9	38.2	47.7
2002	7 702.8	12.29	2 475.6	4.61	5 227.2	3.11	37.7	46.2
2003	8 472.2	9.99	2 622.2	5.92	5 850	3.23	37.1	45.6
2004	9 421.6	11.21	2 936.4	11.98	6 485.2	3.21	37.7	47.2
2005	10 493.0	11.37	3 254.9	10.85	7 238.1	3.22	36.7	45.5
2006	11 759.5	12.07	3 587.0	10.2	8 172.5	3.28	35.8	43.0
2007	13 785.8	17.23	4 140.4	15.43	9 645.4	3.33	36.3	43.1
2008	15 780.8	14.47	4 760.6	14.98	11 020.2	3.31	37.9	43.7
2009	17 174.7	8.83	5 153.2	8.25	12 021.5	3.33	36.5	41.0

资料来源：根据 2001—2010 年《中国统计年鉴》《中国农业统计年鉴》整理而得。

图 3.3 显示，近 20 年来我国城乡居民收入“剪刀差”一直在加速扩大。

图 3.4 显示，近 20 年来我国农村居民人均纯收入增长速度长期低于城镇居民可支配收入增长率。

图 3.5 显示，近 20 年来我国城乡居民人均收入差距金额在加速扩大。

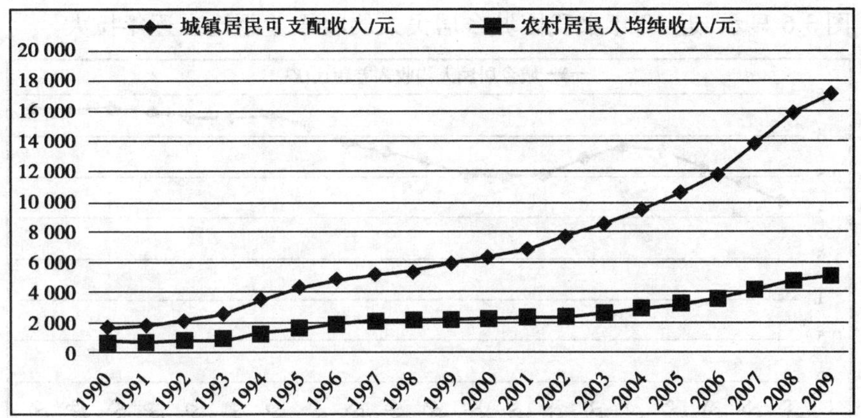

图 3.3　1990—2009 年城乡居民人均收入对比

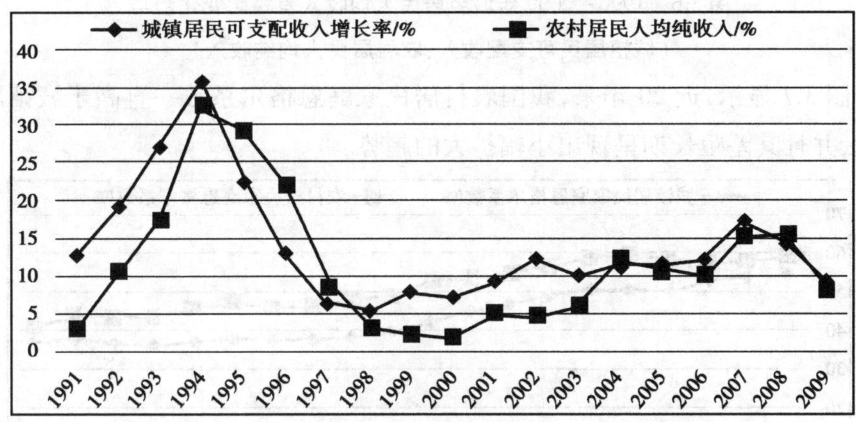

图 3.4　1991—2009 年城乡居民人均收入增长率对比

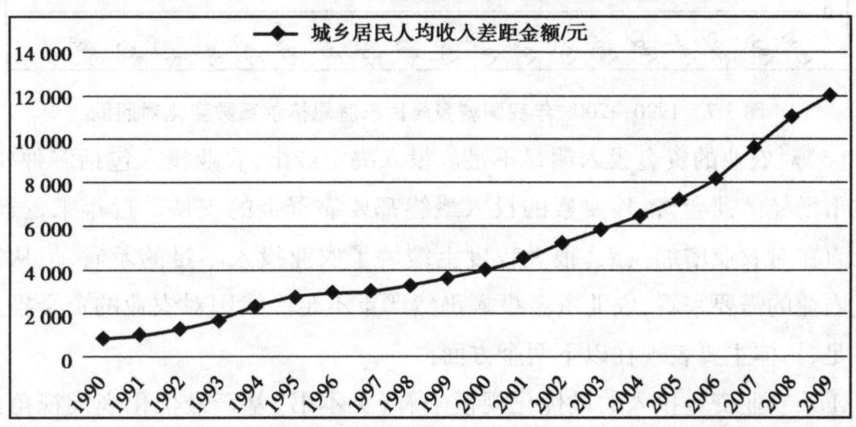

图 3.5　1990—2009 年城乡居民人均收入差距金额变化趋势

图3.6显示,近20年来我国城乡居民人均收入差距比在逐年拉大。

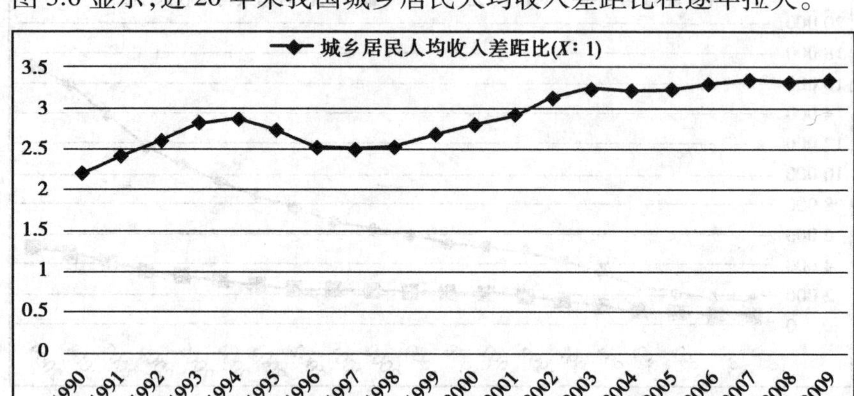

图3.6 1990—2009年城乡居民人均收入差距比变化趋势

(城镇居民可支配收入:农村居民人均纯收入)

图3.7显示,近20年来,我国农村居民家庭恩格尔系数一直高于城镇居民家庭,并且其差距长期呈现出小幅扩大的趋势。

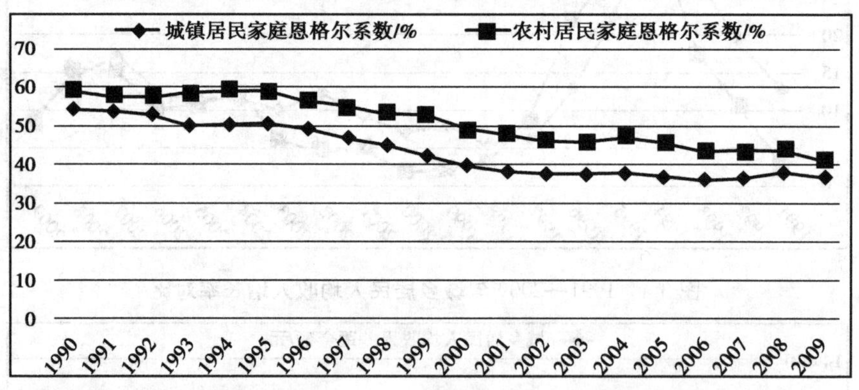

图3.7 1990—2009年我国城乡居民家庭恩格尔系数变化对照图

(3)对农业的资金投入明显不足。投入决定产出,农业投入包括多种要素,但在市场经济社会,各种要素的投入最终都要靠资金的支持。近年来,虽然中央一直在对农业增加投入,很大程度上缓解了农业投入不足的矛盾,但从发展现代农业的需要来看,农业资金投入仍然严重不足。我国对农业的资金投入明显不足,具体主要表现在以下两个方面:

①从农业资金投入的最优化规模来看(见本书"基于最优化规模视角的农业外部资金投入评价"部分):我国农业外部资金投入的最优化规模应当是

2009 年实际农业外部资金投入规模的 1.354 倍,可见目前农业资金投入明显不足。

②从国际比较来看,按基准汇率折合成人民币,以 2003 年为例:a.耕地平均投入资金,日本为 2 628 元/亩(1 亩约合 667 平方米,下同)、欧盟平均为 437 元/亩、美国为 218 元/亩,而中国仅为 90 元/亩;b.平均每个农业劳动者投入资金,美国为 97 391 元、日本为41 954元、欧盟为 37 101 元,而中国仅为 188 元;c.农业投入资金占农业增加值的比例,美国为 61%、欧盟为 44%、日本为 30%,而我国仅为 10%,中、欧、美、日的农业生产增加值分别为 17 068 亿元、10 934 亿元、9 452 亿元和 5 717 亿元;d.对农业的支持总量占当年农业总产值的比重,1996—2000 年,发达国家为 30%~50%,发展中国家如巴基斯坦、泰国、印度、巴西等为 10%~20%,而我国同期的比重分别为 4.9%、5.3%、7.4%、7.9%和 8.8%,远低于发达国家的水平,也比许多以农业为主的发展中国家要低出许多[92]。

(4)其他方面的重要问题。包括:①科技水平落后,人力资本水平不高。②农业基础设施欠账较多。在我国农村,大量的农业基础设施陈旧老化,如农田机电排灌系统失效、水土流失严重等。③农业和农村要素市场发育不足,特别是支撑现代农业发展的要素市场如农村金融市场、土地流转市场等很不活跃,并严重地制约了我国农业现代化转型发展。

二、金融支持农业发展的历史回顾

在我国,金融支持农业发展基本上是指农村金融对农业发展和农村发展的信贷支持。因此,本书讨论金融支农问题,主要也是指农村金融借贷资金支持农业发展问题。

(一)农村金融发展的历史与现状

1.农村金融体系发展的基本历程

我国农村金融发展的过程也就是农村金融体系改革和发展的过程。我国历次的农村金融体系改革基本上都是政府主导型的,不同时期农村金融体系改革的主要目标和任务不同，农村金融体系的构成和状况也有较大的区别。

中华人民共和国成立后、改革开放以前，正规的农村金融机构主要包括中国农业银行和农村信用合作社。中国农业银行在1979年正式恢复，并规定其职责为专门负责发展农村金融事业。1984年以后，我国金融体制开始了“中央银行+专业银行”的模式阶段。多种形式并存的农村金融体系也在这一时期开始形成。其中，1984年，农村合作基金会得到政府的大力支持，在少数地区试点，并于1985年开始在全国各地建立。此后，农村合作基金会发展迅速，并于1992年达到顶峰。1994年以后，因受地方政府的行政干预，农村合作基金会逐渐变成地方政府控制的金融机构，产生了大量的不良贷款，并导致出现高利率信贷市场的恶性竞争。为整顿金融秩序，人民银行于1994—1996年对农村合作基金会进行了清理。1994年，我国农业银行改革为国有商业银行，同年中国农业发展银行成立，农业政策性金融业务由农业银行划归到农业发展银行。到1996年，农业发展银行的分支机构延伸到县(市)级，现行农村政策性金融体系形成。从2003年开始，我国农村信用合作社开始改革，由于各地经济和金融发展水平差异较大，农村信用合作社改革的模式也不尽相同。2006年12月，中国邮政储蓄银行开业。

为促进农业现代化和农村金融的改革发展，2004—2010年连续7年的党中央一号文件，均明确提出要加速推进农村金融改革和创新。在党中央和政府的鼓励和推动下，非正规金融机构发展迅速：2007年3月，在吉林省梨树县成立了我国首家全部由农民自愿入股组建的农村合作金融机构“百信农村资金互助社”；同年，成立了第一家村镇银行——四川仪陇惠民村镇银行；截至2007年年底，全国共成立村镇银行19家、农村资金互助社8家、小额信贷组织4家，共计31家新型农村金融机构成立[93]。

2.农村金融体系的现行结构

经过30多年的改革与创新发展，我国多层次、多功能的金融支农体系正在形成。这一多层次、多功能的金融支农体系主要由农业银行、农业发展银行、农村信用社、邮政储蓄银行和新型农村金融机构组成，各种农村金融机构在不同领域和不同层次发挥着各自特有支农的作用。

（1）农村政策性金融机构

中国农业发展银行是我国的农村政策性金融机构，作为我国唯一的农业政策性银行，全面贯彻落实国家粮、棉、油政策性购销政策和有关经济、金融政策，支持农村基础设施建设和农业综合开发，为国家实施宏观调控，促进了农业和农村经济发展。

（2）农村商业性金融机构

中国农业银行、中国邮政储蓄银行和其他商业银行是我国主要的农村商业性金融机构。

中国邮政储蓄银行是由邮政储蓄机构调整、改革而设立的，于 2006 年 12 月成立，是目前我国最大的覆盖城乡的金融机构，在农村地区有近 60%的储蓄网点和近 70%的汇兑网点。邮政储蓄银行以零售业务和中间业务为主，通过银团贷款的形式，为国家“三农”重点发展项目、农业综合开发项目和农村基础设施建设项目提供金融资金，为构建我国社会主义和谐社会做出了新的贡献。

农业银行作为国家赋予服务“三农”重要职责的商业银行，具有服务“三农”的传统优势，在支持“三农”，发展现代农业、繁荣农村经济方面一直发挥着重要的积极作用。

（3）农村合作性金融机构

农村信用合作社是我国目前唯一的合作性金融机构，包括农村商业银行及合作银行。农村信用社在社员中开展存款、放款业务，是农村金融服务的主力军。实践证明，农村信用社不仅解决了农民和农村小商品生产者对资金的需求因具有季节性、零散、小规模的特点而难以获得银行贷款的问题，而且还在限制和打击高利贷方面也发挥了重要的作用，有力地促进了农村经济的发展。

（4）新型农村金融机构

新型农村金融机构包括最近几年出现的一些金融机构创新，如村镇银行和多种形式的农村小额信贷组织等。

村镇银行如 2009 年在上海成立的“崇明长江村镇银行”等。崇明长江村镇银行是由上海农商银行发起，联合崇明县 5 家企业法人共同设立的银行业一级法人金融机构，主要为当地农民、农业和农村经济发展提供金融服务，其存款、贷款等基本功能都实行“体内循环”。

农村小额信贷是一种为农村低收入阶层提供小规模信用贷款的金融服务

方式，它只贷不存，通过金融服务帮助贫困农户走向自我生存和发展。

村镇银行、小额信贷组织等新型农村金融机构，对农村金融体系起到了良好的拾遗补阙作用。它有效地解决了农村低收入阶层银行贷款难的问题，在支持广大农民普遍增收、培养农民经济、金融意识和诚信意识方面发挥了十分重要的作用，客观上也起到了有效促进农业和农村产业结构优化调整的作用。

(二)金融支持农业发展的成效与问题

金融对我国农业和农村发展的支持，其成效是比较显著的，但其存在的问题也很多，而且从某种意义上来说，其问题还是主要的。

1.金融支持农业发展的主要成效

经过30多年的改革与发展，我国多层次、多功能的农村金融体系得以建立和逐步完善，农村金融服务的覆盖面不断扩大，农村存贷款稳步增长，金融支持农业发展的作用日益得以发挥。尤其是自20世纪90年代以来，农业投入开始了多元化。然而，财政农业投入虽然不断增长但增长力度减弱，农户人均农业投入有所增长但增长乏力，只有金融借贷资金支持农业的投入增长强劲，且投入总量远远大于财政农业投入总量。1995—2003年，农业投入的金融借贷资金支持总量的增长率平均为20.9%，比财政农业投入总量增长率高5.9个百分点。到2007年，全国县域银行业金融服务网点达到12.4万个，平均每万名农民拥有1.54个；存款占全国金融机构存款总额的23.4%，达到9.11万亿元；涉农贷款占全部金融机构贷款总额的22%，达到6.12万亿元；其中7 800万农户取得了贷款支持，贷款金额达到了1.2万亿元，贷款覆盖率达到33.2%[94]。

2.金融支持农业发展的主要问题

尽管农村金融体系建设成效显著，金融借贷资金支持农业的投入保持了强劲的增长势头，但由于我国是一个以农业为主体的大国，各地区的资源分布、经济社会发展水平，以及文化背景等差异很大，金融支持现代农业发展还存在一些亟待解决的问题。主要表现在以下几个方面：

(1)正规农村金融体系主体缺位和服务缺乏

在我国,农村金融体系呈现出正规金融体系和非正规金融组织交织发展的二元化结构特征。其中,正规金融体系呈现出农业发展银行、农业银行和农村信用社的“三足鼎立”;非正规金融组织主要有高利贷组织、私人钱庄和各种行会等。

由于长期的政策压制,非正规金融组织尚处在探索发展和零散生存之中,因此,在农村金融体系中起着主导作用的是正规金融体系。但是,随着金融体制改革的深入,正规农村金融体系呈现出主体缺位和服务缺乏的问题,没有在真正意义上发挥支持农业和农村发展的应有作用——依靠正规金融渠道,农民和农村中小企业基本无处可借款。

第一,正规农村金融体系主体缺位。正规农村金融体系主体缺位,主要表现在金融机构组织体系缺乏和功能缺失两个方面。

从组织体系来看,尽管银监会一直在推进农村金融机构在乡镇的布局,但截至 2007 年末,我国平均每个乡镇仅有 2.13 个金融网点、每 50 个行政村仅有一个金融网点。有 2 868 个乡镇没有 1 家金融机构,其中有 2 645 个乡镇在我国西部;此外,只有一家金融机构的县(市)有 2 个,乡镇有 8 901 个。全国涉农贷款仅为 2.36 亿元,仅占贷款总额的 9%。

从功能来看,一个完备的金融体系应该同时具备动员储蓄、配置资金、分散风险的功能,但我国农村金融体系目前在配置资金和分散风险的功能基本上是低效甚或无效的。

首先,就贷款覆盖面来说,2009 年我国农业增加值占 GDP 的比重为10.5%,但农业贷款余额占金融机构贷款余额比例仅为 5.4%;根据笔者对湖南、四川、海南三省的部分农村的调查,农民从正规金融机构获得的信贷支持不足 10%,农村企业从正规金融机构获得的信贷支持不足 25%,正规金融机构的农户贷款覆盖率不到 15%,而且贷款对象基本上是农村企业主。

其次,就各正规农村金融机构来说:一是农业发展银行为农业发展提供的政策性金融服务,包括筹集农业政策性信贷资金,代理财政性支农资金的拨付,承办国家规定的农业政策性金融业务以及经过批准的涉农商业性金融业务等。但是,从运行现状看,农业政策性金融服务严重缺位。农业发展银行当前的经营范围是为粮棉油收购信贷、农村基础设施建设、农业科技、农业综合开发、农业生产资料等提供信贷。然而,农业发展银行业务范围十分狭窄,政策性支农功能相当弱化,农业发展银行在事实上已蜕变为“粮食收购银行”,例如,2007年农业发展银行对粮棉油流通环节的贷款占到农发行信贷资产的95%,没有足够的政策性金融支持农业开发、农业技术进步,以及农村基础设施建设。因此,农业发展银行的政策性金融服务严重缺位,远远不能满足农业发展的现实需要。二是近几年来国有商业银行为控制金融风险,纷纷调整经营战略和贷款投向,收缩农村战线,县一级农村分支机构只存不贷,大规模地撤并地县以下农村网点。其中,农业银行虽然定位为是当前农村商业性金融服务的主导力量,并在实际上承担着发放部分农业开发贷款和扶贫贷款的职责。新一轮农村金融改革重申了农业银行服务“三农”的市场定位,农业银行也开始了商业化经营与服务“三农”有效模式的探索。但是,追求盈利性的经营目标,使其信贷重心发生了转移,减少了对农业和农村的关注,其所发放的涉农贷款也主要是为农业产业化龙头企业提供的贷款。三是作为农村金融主力军的农村信用社①,是最接近农民的基层金融机构,是目前我国农村最主要的信贷供给机构,对农村金融市场来说是至关重要的。然而,一方面由于历史原因,不良贷款等沉淀资产累计规模大,经营业务品种单一,信贷服务能力受到严重的限制;另一方面,农村信用社一直处于市场垄断地位,由于缺乏市场竞争,其服务效率不佳。四是邮政储蓄占据了我国大片农村金融市场,在2006年以前只吸储不放贷,致使农村资金反向流入城市,严重阻碍了农业和农村经济的发展。2006年以后,邮政储蓄银行结束了在农村的“只存不贷”局面,但其贷款只限于以批发资金的形式,为农业重点项目建设提供资金支持。

第二,正规农村金融体系服务缺乏。正规农村金融体系在主体缺位的同时,还存在着明显的服务缺乏,主要表现在服务机构网点退缩、服务意识淡薄、服务产品单一三个方面。

从1991—2004年,四大国有商业银行总体上呈现收缩态势。四大国有商业银行为控制金融风险,纷纷调整经营战略和贷款投向,收缩农村战线,县一级

① 在2003年以来的新一轮农村信用社改革中,一部分农村信用社改组为农村商业银行,彻底走上商业化经营道路。一部分农村信用社改组为农村合作银行。大部分省市的农村信用社在改革中选择了统一法人制的农村信用社模式。

农村分支机构只存不贷,大规模地撤并地县以下农村网点机构(总共撤销农村网点超过4 100万个)。尔后,尽管银监会一直在推进农村金融机构在乡镇的布局,但截至2007年底,我国平均每个乡镇仅有2.13个金融网点,每50个行政村仅有一个金融网点。

由于利于垄断地位,正规农村金融机构服务意识淡薄。以农村信用社为例:改革后的农村信用社,自负盈亏的商业化运行体制的确立,使其在合作金融性质的体现方面更趋弱化,服务社员的意识更加淡薄。农村信用社的强烈的商业化经营动机使得"为社员服务"的政治约束难以抵挡"追求利润"的商业化冲动,为社员服务几乎成为"招牌",其为社员提供的信贷服务只占农信社信贷总量的极小比例。

服务产品单一主要表现在农村金融资金需求的多层次性与农村金融供给的单一性之间存在矛盾。从资金需求来看,不同种类、不同环节、不同规模的农业生产对资金的需求不同,如林木生产需要长期资金,而谷物生产需要季节性很强的短期资金;生猪养殖需要的资金周期要比生猪贩卖所需资金的周期长且具有季节性;对于从事同一种农业生产活动,农业龙头企业往往比普通农户更需要回收期较长、风险也相对较大的扩张资金,而普通农户小户生产往往比农业龙头企业更需要符合生产季节和生产周期需要的周转资金。可见,农业生产和农村对资金的需求具有大额资金与小额资金相结合、长期资金与短暂资金相交织的特点,即存在明显的多层次性特征。从资金供给来看,表面上形成了由多种金融机构构成的多层次、多功能农村金融体系。但实际上,农村金融供给过于依赖农业银行和农村信用社。农业发展银行是专门提供粮、棉、油政策性收购贷款资金的政策性银行,其业务范围十分单一,封闭管理,近年来几乎没有发放农业贷款。其他商业性金融机构的业务模式使得农民基本上贷不到款。总的来说,这些正规金融机构的贷款形式比较单一,基本集中在大额的一年左右的、需要抵押担保的贷款上,并且需要通过层层审批,从而使得借款成本增加和不能适应生产的季节性需要。村镇银行、小额信贷机构等新型农村金融机构的覆盖面目前又极小。这就使得农业生产和农村经济发展对多样化资金的需求不能实现,直接造成了农村金融供给抑制的形成。

(2)新型农村金融机构难以有效发挥支农作用

2004年农村金融改革以来,各地相继出现了村镇银行、小额贷款公司、农民资金互助社等一些新型农村金融机构。这些新型农村金融机构是一种创新,尚处于探索性发展过程中,实力弱小,加之由于缺少必要的政策支持,为农服务的经营方向往往受到约束,因而大都面临持续发展困境,难以有效发挥其支农作用。影响这些新型农村金融机构持续发展的困境比较突出的,如村镇银行由于经营地域限制而吸收存款困难,也得不到批发资金和商业银行的贷款支持;小额贷款公司"只贷不存",必须以自有资金发放商业贷款,也得不到商业银行的资金支持。

我国的农民资金互助社于2006年开始在6个省市进行试点,截至2007年,在银监会批准下,6个省的7家农村资金互助社经成立并运行。农村资金互助社实行社区互助性金融服务的运行模式,由乡(镇)、农民和农村小企业、经济实体自愿入股组成,为社员提供信贷服务。农村资金互助社5年多以来的试点和运行情况表明,其在解决农民基本生产和生活资金需求方面具有的良好作用。以我国第一家农村资金互助社——吉林省梨树县的百信资金互助社为例:该社于2006年由32户社员出资股本金101 800元发起设立;设立的当年,共计吸引了43户农民参加,发放66笔贷款,累计金额21万元[142];截至2008年3月,该社发放社员贷款133笔,53.64万元,已回收25.53万元,未发生不良贷款[143]。农村资金互助社为社员发放信用或担保贷款,贷款利率低于同档农村信用社的贷款利率,借贷程序比较简单,贷款发放较快,一般不需要抵押。但农村资金互助社的试点和运行情况也暴露出其所面临的持续发展困境:一是融资困难、贷款资金不足;二是担心互助社的合法性问题;三是缺少可执行的具体支持政策,政府对农村资金互助社的扶持不到位。

(3)民间金融是农村借贷资金最主要的供给者但有实无名

农村正规金融服务供给严重不足,导致产生了一个规模庞大、活跃的、持续快速增长的民间金融市场,民间金融已经成为农村借贷资金最主要的供给者。据对湖南、四川、海南三省的部分农村的初步调查,只有不到10%的农户、不到25%的农村企业从正规金融机构获得过贷款,正规金融机构的农户贷款覆盖率不到15%,但有超过80%的农户和农村中小企业获得了来自民间的借贷资金。因此,民间金融在事实上成了农村借贷资金最主要的供给者,是农村金融支持的重要力量。

但是,农村民间金融有实无名。在相当长的时期里,国家一直限制和打压,甚至一度取缔民间金融。在高压政策下，民间金融一直处于半公开经营状态，社会风险较大，也造成了大量金融资源的严重浪费。尽管2003年以来，我国政府改变了对民间金融的态度，并出台了一些旨在发展民间金融的政策，但从总体来说，政策制约仍然是民间金融发展的主要障碍，并使民间金融的支持作用受到了很大的抑制，而且，由于民间金融的“半公开”状态，使其游离于政府的金融监管体系之外。由于缺乏规范、监管，民间金融发展中存在诸多问题，如构成复杂、良莠不齐，存在较大的社会风险隐患，加剧了社会不安定因素，民间借贷给国家宏观调控带来困难，加剧了贫富两极分化等。

(4)农村正规金融“非农化”严重导致大量资金外流

总体而言，我国金融体制的改革深化，加快了农村正规金融的商业化运作，商业化资金运作的趋利避害特性，导致大量农村资金外流，而不能用于自身的发展。如表3.2和图3.8所示，1999—2009年，我国正规金融机构农村存贷款差额一直为正值，并在逐年增大，反映了农村资金外流现象日益严重。

表3.2 1999—2009年我国正规金融机构农村存贷款差额变动/亿元

年份	农村存款余额	农村贷款余额	农村存贷差额
1999	13 343.6	4 792.4	8 551.2
2000	14 998.2	4 888.99	10 109.21
2001	16 904.7	5 711.5	11 193.2
2002	19 170.04	6 884.6	12 285.44
2003	23 076.01	8 411.4	14 664.61
2004	26 292.49	9 843.11	16 449.38
2005	30 810.15	11 529.93	19 280.22
2006	36 219.14	13 208.19	23 010.95
2007	42 333.71	15 429.31	26 904.4
2008	51 953.20	17 628.82	34 324.38
2009	62 915.10	21 623.00	41 292.10

资料来源：根据2001—2010年《中国金融年鉴》整理而得。

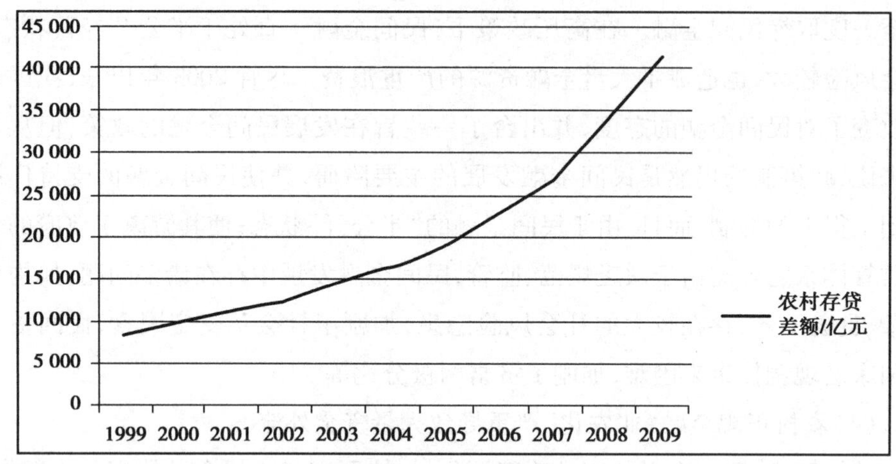

图 3.8 农村存贷差额

(三)金融支持农业发展所存在问题的成因

我国金融支持农业发展所存在问题的原因来自多方面,农村金融供给抑制严重是最主要的原因,其次是农村金融改革存在目标不明确、改革不系统连贯等问题。

1.金融供给抑制是金融支持现代农业不力的主要成因

所谓金融抑制,是指由于金融体系不完善,金融市场机制不健全,金融运行中存在过多的管制,从而导致金融与经济发展之间处于相互制约的恶性循环状态。在农村金融抑制分类方面,我国普遍的情况是,农业发展金融需求大,而金融供给不足,因而主要呈现金融供给抑制。具体来说,农村金融供给抑制主要表现在以下几个方面:

(1)金融市场的事实上的国家垄断性和农业的弱质性导致了金融支农借贷资金不足。目前我国不允许民间资本创办可以吸收存款和发放贷款的金融机构,也不允许民办银行存在。这种金融制度安排使正规金融机构(即国有资本占主导地位的金融机构)成为农村地区提供存贷款业务的唯一合法机构,从而导致了正规金融机构对农村金融市场在事实上的垄断。垄断的市场必然缺乏效率,农村金融市场也不例外。正规金融机构由于处于垄断地位,因此没有动力去为农业和农村发展提供充分的资金支持和更完善的金融服务:正规金融机构由于处于垄断地位,它们墨守现有的经营原则,没有动力去开发多种贷款业务模式;在现有的经营原则和业务模式下,农业的弱质性、农民缺乏贷款可抵押物等因素,增加了正规金融机构支农贷款业务的成本和风险,而农业又是一个低利润的行业,不可能通过提高贷款利率来弥补贷款成本和风险。因此,正规金融机构就认为农村金融业务难以实现商业上的可持续,从而选择减少对农业和农村发展的资金支持,而将在农村筹集到的资金转向城市和其他产业。

(2)新型农村金融体系不完善,因此有待进一步培育农村金融竞争机制。村镇银行、小额信贷公司、农村资金互助社等新型农村金融机构面向农村、农民提供银行业金融服务,在很大程度上弥补了政策性农业银行和农村商业性银行金融支农的不足。尤其是小额信贷,它面向中低收入人群提供信贷服务,这对于渴望脱贫致富的农民来说无疑是雪中送炭。但是,新型农村金融仍存在以下不足:一是现有新型农村金融机构网点十分有限,目前只在我国的极少数贫困地区(小额信贷)和个别相对发达的农村(村镇银行)有新型农村金融机构,其他广大的农村地区都没有。二是新型农村金融机构由于被限制了吸收存款的渠道,其可贷款的资金非常有限。三是风险防范能力弱。部分新型农村金融机构的还贷保证脱离了农村的实际情况,仍然采用传统商业银行的担保或抵押模式,致使要么广大的中低收入农民贷不到款,要么清收违约贷款时很难使用依法强制扣款、变卖资产等强制清收手段清收贷款。还有部分新型农村金融机构充分利用了农村“熟人社会”的特征,并考虑了借款人违约成本的问题,从而设计了个人信用贷款加家庭资产象征性抵押①的信贷模式和小组贷款的信贷模式。

(3)新型农村金融的社会定位和法律地位并不明确,从而严重地限制了新型农村金融的发展。2003 年以前,由于政府对金融业实行严格的管制,除国有银行外,农村基本上不存在其他形式的合法金融机构。2004 年实施农村金融改革新政后,村镇银行、小额贷款公司、农民资金互助社等一些新型农村金融机构应运而生。多年来的运行实践表明,这些新型农村金融的兴起,为我国农村合作金融的发展植入了新生力量,并且初步显现出了其满足农民基本生产和生活

① 以家庭日用品作抵押,抵押的目的不在于将来变卖收入抵充应收贷款,而在于给借款人名誉损失压力和将来变卖抵押品给借款生活习惯造成不便,从而可以迫使借款按时还贷。

资金需求方面的良好作用；这些新型农村金融机构的运行状况也较为良好，基本未发生不良贷款。但是，法律对这些新型农村金融的认识不够，主要表现在：①对新型农村金融机构的法律性质和法律地位，一直无具体的、态度明确的法律规定，致使经营者因担心其合法性而不敢放手经营，农户也因担心其合法性而参与的积极性不高，这些新型农村金融机构也难以找到合作支持者。②政府的扶持不到位，包括对未对这些新型农村金融机构进行财力支持、未就这些新型农村金融机构的性质和法律地位做好必要的政策宣传工作、对这些新型农村金融机构成立手续的审批过于烦琐等。

(4)对农村民间金融的认识不够造成了大量金融资源的严重浪费。在我国农村，存在着一个规模庞大的、活跃的、持续快速发展的民间金融市场，它弥补了农村正规金融服务供给的严重不足。农村民间金融在事实上已经成为我国农村借贷资金最主要的供给者，是农村金融支持的重要力量，为农村经济的运行与发展发挥了重要作用，它使农民的生产和生活信贷需求得到了保障，促进了民营经济的发展。农村民间金融的组织形式和操作手段也越来越“规范”。但是，由于我们的金融监管思维僵化，能客观评价民间金融在农村经济发展中具有的重要作用，在相当长的时期内，我国民间金融一直是政府限制、打压，甚至是取缔的对象，并且无视“民间金融虽经打压仍顽强存在”的客观事实，致使我国民间金融一直处于半公开状态，社会风险较大，也造成了大量金融资源的严重浪费。2003 年以来，虽然出台了一些旨在发展民间金融的政策，但从总体上看，我国的整体金融制度仍然制约着民间金融的发展，仍然使民间金融处于政府的金融监管体系之外，例如，曾存在于世界各地的，基于亲缘等关系而自发成立的标会、摇会等民间合作金融组织，自中华人民共和国成立初被取缔以来，至今尚未无合法身份。

(5)农村正规金融机构的产品创新不足导致了农户基本上不能从正规金融机构贷款。虽然，2008 年 10 月中国人民银行和中国银监会颁布《关于加快农村金融产品和服务方式创新的意见》，要求和鼓励加快涉农金融产品的创新，全国涉农金融机构推出的信贷支农创新也出现了良好的势头，但相对于城市而言，农村金融产品创新仍存在创新量不足、创新层次低等诸多问题。其主要原因是：第一，虽然国家鼓励涉农金融产品创新，但却缺乏相应的创新保护和鼓励措施，导致许多金融机构放不开手脚来创新涉农金融产品。第二，农村金融机构由于缺乏相关的专业人才，致使其在现代涉农金融产品领域的创新研发明显落后于城市地区。农村金融产品创新不足，致使正规金融机构的业务不适合于农村，直接导致了农户基本上不能从正规金融机构借贷。

2.改革存在失误是金融支农现代农业不力的另一成因

导致我国金融支持现代农业发展存在诸多问题的另一重要原因是金融改革中的一些失误。这些重要的失误主要表现在：

（1）农村金融改革没有一个系统的、贯彻始终的改革目标，往往只是应其他改革需要而进行农村金融改革，以至于农村金融改革的目标在不同时间变动频繁，前后难以做到系统连贯。例如：20 世纪 90 年代中期以前，我国农村金融工作的主要目的是“增加储蓄，为工业化筹集资金”；20 世纪 90 年代中期，四大国有银行开始了商业化运行体制改革，其中农业银行将政策性金融业务与商业性金融业务分离，农村信用社与农业银行脱钩；国务院于 1996 年颁布《关于农村金融体制改革的决定》，提出要建立多层次的农村金融体系，包括政策性金融、商业性金融、合作金融；但由于亚洲金融危机爆发，改革后的四大国有商业银行在 1997 年中央金融工作会议后开始撤销县以下的农村经营网点，农村金融市场上只剩下农村信用社独撑局面。由于没有一个系统连贯的目标，我国农村金融在改革历程中几经反复，农村金融发展道路几经曲折。

（2）由于对农村金融的特殊性认识不足，农村金融改革未实行城乡有别的改革方案。我国农村金融改革在 2002 年以前，所确定的目标与方案与城市金融改革几乎完全相同，很少甚至根本没有考虑农业、农村和农民的基本具体情况。2002 年以后，虽然开始考虑了农业、农村和农民的基本情况，但仍显考虑不到位（不具体），以至于适合于“三农”的金融产品创新不足。

（3）农村金融的市场化改革滞后，尤其是对民间金融缺少必要的规范和保护，使事实上支撑着农村金融市场的农村信贷资金主要供给者受到了不公平的待遇。首先，从改革进程看，金融的市场化改革明显滞后于整个经济体制的市场化改革——1978 年十一届三中全会以后，其他相关方面的改革就开始了，但直到 1994 年才开始国有银行的商业化经营改革；而且，1996 年农村信用社脱离农业银行管理后，还是沿着原来的“恢复合作金融性质”的方向进行改革，直到

2001年才开始商业化经营改革，而且商业化经营改革后的农村信用社，名为合作金融机构，实则为国有官办的商业性银行。其次，由于在相当长的时期内，我们没能够公正客观地认识民间金融的应有作用，而一味地限制、打压民间金融。但即便是这样，民间金融还是以“半公开”经营状态存在，并取得了持续稳定的快速增长。这一方面不仅造成了大量金融资源的浪费，也带来了一些社会风险隐患，更是给金融监管带来了困难；另一方面，也说明了我们过去对民间金融的认识和策略是错误的。2004年以来连续7年的中央一号文件，以及2006年银监会《关于扩大调整放宽农村地区银行业金融机构准入政策，更好支持社会主义新农村建设的若干意见》，均要求加大农村金融的市场化改革，提倡设立多种形式的新型农村金融机构，鼓励民间资本进入农村金融市场领域，因此村镇银行、小额贷款公司、农村资金互助社等一批新型农村金融机构在我国农村应运而生。但从当前基本情况的整体来看，农村金融的市场化改革需要更进一步，尤其是还需要在降低民间金融准入门槛和新型农村民间金融组织保护和规范方面加大力度。

3.信用缺失和信息不对称是支农贷款供给不足的重要症结

一方面，由于：①长期以来，我国的金融机构均属国有，尤其是农村金融机构，既属国有，又带有一定的政策性业务；并且，由于农村金融机构的事实上的垄断性地位，致使其服务和管理效率均低。②正规金融机构受制于其经营管理模式，其在农村征信难、征信成本高。这两大方面的原因，致使在垄断的正规农村金融市场中，信用环境缺失，从而阻碍了正规商业金融介入农村市场的积极性。当然，这里所说的“农村信用环境缺失”指的是：就大部分农村地区来看，只是在正规国有农村金融机构的传统僵化的业务模式和管理模式下才存在的信用环境缺失，大量民间贷款和一些新型农村金融信贷的事实说明，绝大部分农村和农户的借贷诚信意识是很强的。

另一方面，在当前的农村正规金融服务产品和服务模式以及管理模式下，农村金融市场的一个显著特点是：存在着严重的信息不对称问题。在当前农村正规金融市场中，正规金融机构很难准确掌握借款人的资金风险、真实贷款意愿、还款能力等信息，一些不完善的财务制度和信用体制也使得借款人无法向银行传递有效的信息,信息不对称因此而产生,其中处于劣势地位的是金融机构。在这种信息不对称的博弈关系中,处于劣势地位的金融机构或者选择谨慎贷款以规避风险,从而直接导致了支农贷款供给不足;或者提高贷款利率以弥补其贷款风险损失,这就会提高借款人的资金使用成本,从而引起了间接的支农贷款供给不足,这种间接的支农贷款供给不足的表象往往是有效需求不足。

第四章 基于最优化规模视角的农业外部资金投入评价

一、分析方法和指标

（一）理论模型的设立

柯布-道格拉斯（Cobb-Douglas）生产函数是应用最为广泛的生产函数，其数学表达式为：

$$Q = AL^{\alpha}K^{\beta} \tag{4.1}$$

因为本节研究的是外部资金支持现代农业发展的总量适当性问题，研究的主要因素是农业外部资金投入与农业生产总值、农民纯收入的关系，同时考虑到：①依靠增加土地要素来增加农业生产总值和农民纯收入的作用十分有限，也不符合现代农业发展的方向，因而可以忽略其变动对农业发展的影响，或者说假设土地要素不变；②农业生产者自有资金投入基本稳定，因而可以将其纳入资本存量要素。在上述研究目标和研究假设下，将农业外部资金投入作为一个独立的生产性要素引入柯布-道格拉斯生产函数，从而得到改进的生产函数形式为：

$$Y_t = A(t)L_t^{\alpha}K_t^{\beta}I_t^{r} \tag{4.2}$$

其对数形式为：

$$\ln Y_t = \ln A(t) + \alpha \ln L_t + \beta \ln K_t + r \ln I_t \tag{4.3}$$

式中 Y_t——农业生产总值（以“农林牧渔业总产值”代替）；

$A(t)$——效率系数或综合要素生产率；

L_t——劳动力投入；

K_t——资本存量；

I_t——农业外部资金投入；

α,β,r——劳动力产出弹性、资本存量产出弹性和外部资金投入产出弹性。

(二)最优化规模的界定

根据边际最优理论，当农业投入资金的边际成本(即边际投资额)等于所产生的边际收益(即投资后农业的边际产出)时的投入资金规模是最优投入资金规模，即当农业投入资金的边际收益率 $MPG=\Delta Y/\Delta I=1$ 时的投入资金规模 G^* 为最优规模。如图 4.1 所示，如果 $MPG<1$，说明边际投入资金所形成的产出小于投入，这时的投入资金过度，即实际投入资金 $G>G^*$，应当减少投资；如果 $MPG>1$，则说明边际投入资金所形成的产出大于投入，这时的投入资金不足，即实际投入资金 $G<G^*$，应当增加投资。由于研究假设中因农业生产者自有资金投入基本稳定而将其纳入了资本存量要素，此处的“减少投资”或“增加投资”均是指调整农业外部资金的投入量。因此，模型中的农业资金投入即农业外部资金投入，其产出弹性为：

$$E=\frac{I}{Y}\times\frac{\Delta Y}{\Delta I} \tag{4.4}$$

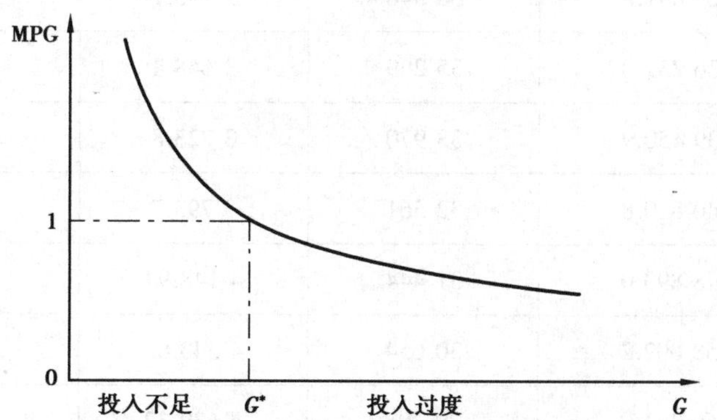

图 4.1　农业投入资金边际产出与最优化投入规模

注：G^* 表示农业资金投入(也即农业外部资金投入)的最优投入规模。

二、数据及其来源

(一)基础数据

估算农业外部资金投入最优化规模所需的基础数据见表 4.1。

表 4.1　估算农业外部资金投入最优化规模所需的基础数据

年份	农林牧渔业总产值(Y_t)/亿元	农业劳动力投入(L_t)/万人	农业资本存量(K_t)/亿元	农业外部资金投入总额(I_t)/亿元
1995	20 340.9	35 530	1 835.4	2 119.73
1996	22 353.7	34 820	1 931.6	2 619.53
1997	23 788.4	34 840	2 032.4	4 080.99
1998	24 541.9	35 177	2 207.0	5 598.96
1999	24 519.1	35 768	2 413.2	5 878.16
2000	24 915.8	36 043	2 621.6	6 120.53
2001	26 179.6	36 513	2 808.1	7 168.23
2002	27 390.8	36 870	3 054.0	8 465.36
2003	29 691.8	36 546	3 293.1	10 165.85
2004	36 239.0	35 269	3 658.4	12 180.74
2005	39 450.9	33 970	3 223.8	13 980.21
2006	40 810.8	32 561	3 793.7	16 381.17
2007	48 893.0	31 444	4 148.94	18 834
2008	58 002.2	30 654	4 343.65	22 131.62
2009	60 361.0	29 708	4 639.32	28 342.91

资料来源:根据 2001—2010 年《中国统计年鉴》整理而得。

（二）数据来源

1.农业资本存量数据的来源

生产函数中对固定资本存量 K_t 进行估算的方法，目前比较常用的是按照永续盘存法来估算，其用公式表达即为：

$$K_t = \frac{I_t}{P_t} + (1 - \varepsilon_t) K_{t-1} \tag{4.5}$$

式中 K_t——t 年的实际资本存量；

I_t——t 年的名义投资；

P_t——t 年的固定资产投资价格指数；

ε_t——t 年的固定资产折旧率，本书采用吴方卫（1999）[95]测算的我国 20 世纪 90 年代末期重置率水平 5.42；

K_{t-1}——$t-1$ 年的实际资本存量。

根据《中国统计年鉴（2010）》提供的数据算出 1995—2009 年的农业资本存量。

2.其他数据的来源

表 4.1 中其他数据均根据中国统计年鉴整理而来，其中：农业劳动力总数采用《中国统计年鉴（2010）》提供的第一产业就业人员数量；“农业外部资金投入总额”以“国家财政农业投入+正规金融机构年度农业贷款余额”代替。

三、分析与评价

（一）模型参数估计

将预设的生产函数［式（4.2）］取对数形式［式（4.3）］，并将式（4.3）转换为线性回归模型

$$\ln Y = C + \alpha \ln L_t + \beta \ln K_t + r \ln I_t \tag{4.6}$$

利用 EVIEWS 5.0 估计参数得出样本回归模型。

1.回归分析输出结果

表 4.2　回归分析输出结果

Dependent Variable: Y				
Method: Least Squares				
Date: 08/05/11　Time: 23:39				
Sample: 1995 2009				
Included observations: 15				
Variable	Coefficient	Std. Error	t-Statistic	Prob.
L_t	−1.888 923	0.554 498	−3.406 545	0.005 9
K_t	4.110 778	2.528 876	1.625 536	0.132 3
I_t	0.730 920	0.401 442	1.820 737	0.095 9
C	78 172.48	17 798.93	4.391 976	0.001 1
R-squared	0.986 061	Mean dependent var		33 831.93
Adjusted R-squared	0.982 259	S.D. dependent var		13 052.77
S.E. of regression	1 738.551	Akaike info criterion		17.982 67
Sum squared resid	33 248 162	Schwarz criterion		18.171 48
Log likelihood	−130.870 0	F-statistic		259.382 8
Durbin-Watson stat	2.604 042	Prob(F-statistic)		0.000 000

依据表 4.2,得出回归分析结果

$$\ln Y_t = 78\ 172.48 - 1.888\ 9 \ln L_t + 4.110\ 8 \ln K_t + 0.730\ 9 \ln I_t$$

$$t = (4.391\ 9) \quad (-3.406\ 545) \quad (1.625\ 536) \quad (1.820\ 737)$$

$$R^2 = 0.986\ 5 \quad F = 259.38 \quad D.W = 2.604$$

从回归分析结果来看,在 10%显著性水平下自由度为 $n-p-1=11$ 的临界值 $t_{0.05}(11)=1.796$,K_t 的 $|t|=1.625<1.739$,检验未通过,且 F 值较大,而 t 值较小,

表明解释变量之间可能存在多重共线性，运用软件，输出两者之间的相关度见表4.3。从表中可以看出，K_t 和 I_t 之间相关度高（为0.98）。鉴于 K_t 为资本存量，是根据历年的投资额 I_t 通过技术方法估算出来的一个值，因此，两者之间去掉 K_t，重新对模型进行估计。

表4.3 变量相关度

	Y	L_t	K_t	I_t
Y	1.000 000	−0.905 180	0.937 202	0.984 992
L_t	−0.905 180	1.000 000	−0.731 915	−0.861 291
K_t	0.937 202	−0.731 915	1.000 000	0.960 988
I_t	0.984 992	−0.861 291	0.960 988	1.000 000

2.模型的散点图

运用EVIEWS 5.0软件，得出模型的散点图（图4.2）。

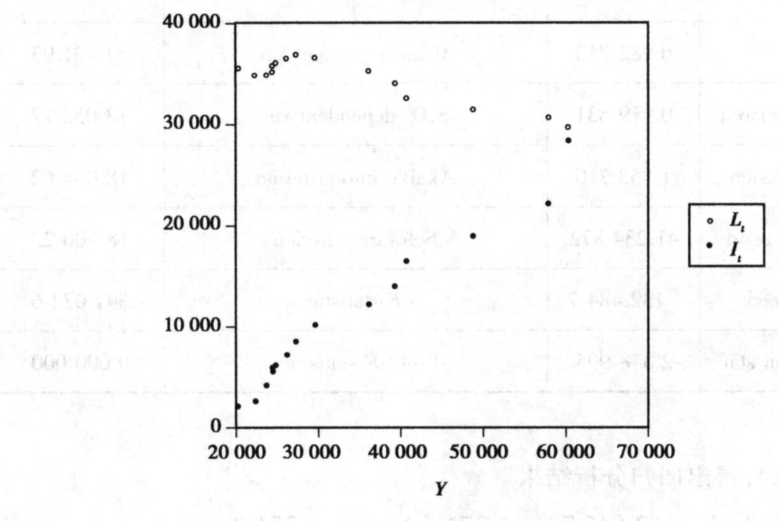

图4.2 模型散点图

3.估计模型的参数

运用 EVIEWS 5.0 估计相关参数见表 4.4,得出样本的回归模型如式(4.7)。

表 4.4　回归分析输出结果

Dependent Variable: Y				
Method: Least Squares				
Date: 08/06/11　Time: 22:03				
Sample: 1995 2009				
Included observations: 15				
Variable	Coefficient	Std. Error	t-Statistic	Prob.
C	62 845.78	16 096.36	3.904 346	0.002 1
L_t	−1.274 661	0.432 678	−2.945 978	0.012 2
I_t	1.354 021	0.127 153	10.648 78	0.000 0
R-squared	0.982 713	Mean dependent var		33 831.93
Adjusted R-squared	0.979 831	S.D. dependent var		13 052.77
S.E. of regression	1 853.710	Akaike info criterion		18.064 62
Sum squared resid	41 234 872	Schwarz criterion		18.206 23
Log likelihood	−132.484 7	F-statistic		341.072 6
Durbin-Watson stat	2.378 995	Prob(F-statistic)		0.000 000

依据表 4.4,得出回归分析结果

$$\ln Y_t = 62\ 845.78 - 1.274\ 5 \ln L_t + 1.354\ 0 \ln I_t \tag{4.7}$$

$$t = (3.904) \quad (-2.945\ 978) \quad (10.648\ 78)$$

$$R^2 = 0.982\ 7 \quad F = 341.07 \quad D.W = 2.379$$

(二)模型的检验

1.经济意义检验

从模型来看,检验应可以通过。

农林牧渔业总产值(Y_t)(亿元)与农业劳动力投入(L_t)(万人)呈负相关,主要是因为随着农业生产率的提高,农业劳动力逐渐过剩;也说明了在我国当前,增长劳动力数量的投入对农业经济增长不起促进作用。

农业外部资金投入总额(在本书模型中也即农业资金投入总额)(I_t)(亿元)与农林牧渔业总产值(Y_t)(亿元)呈现正相关,实际情况表明,随着农业资金投入总额的增加,农林牧渔业总产值也随之增加。

2.相关统计检验

从回归估计结果来看,模型的可决系数 $R^2=0.983$,表明模型拟合度较好。F 值为 341.07 大于 5%显著性水平下自由度为 $n-p-1=12$ 的临界值 $F_{0.05}(2,12)=2.81$,方程整体性显著检验通过。在 5%显著性水平下自由度为 $n-p-1=14$ 的临界值 $t_{0.025}(12)=2.179$,所有参数变量 $|t|>2.179$,因此所有参数变量都显著的不为零,检验通过。

3.计量经济检验

(1)随机干扰项序列的异方差性检验

利用怀特(White)检验方法,运用 EVIEWS 5.0 软件,输出结果见表 4.5。

表 4.5 模型的异方差性检验结果

White Heteroskedasticity Test:			
F-statistic	2.755 616	Probability	0.088 505
Obs * R-squared	9.073 249	Probability	0.106 178

从表中可以得知 Obs $*$ R-squared 的 P 值为 0.106，大于预先设定的 0.05，所以随机干扰项序列的异方差性不显著，检验通过。

而且 $nR^2=16*0.159<x_{0.05}^2(6)=12.69$，同样表明其残差不具有显著的相关性，异方差检验通过。

（2）随机干扰项序列的序列相关性检验

利用杜宾—瓦森（D-W）检验方法，$D.W.=2.379$，选择 d_l 和 d_u 在 1%显著点下，查表 $k=3$，$n=15$ 时，下界 $d_l=0.59$，上界 $d_u=1.46$，得 $d_u=1.46<D.W.=2.379<4-d_u=2.54$。表明无序列相关，检验通过。

（3）模型的预测检验

运用 EVIEWS 5.0 软件，输出预测结果如图 4.3 所示。

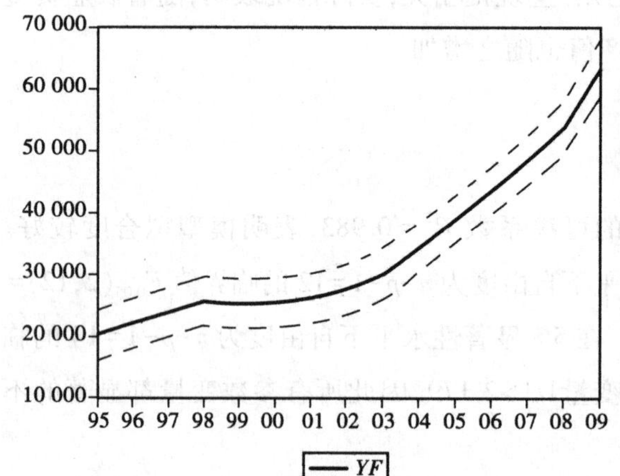

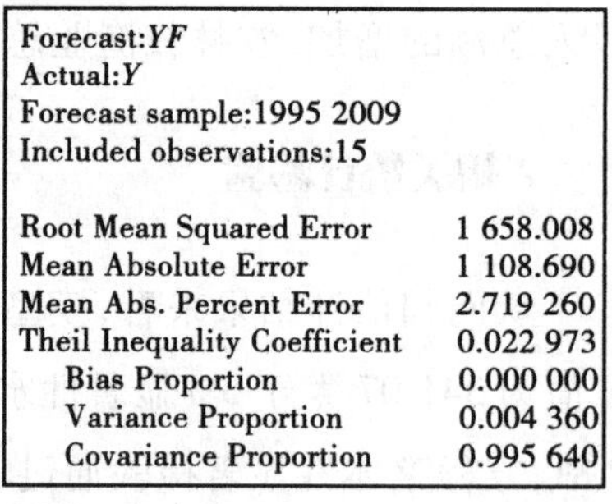

Forecast:*YF*
Actual:*Y*
Forecast sample:1995 2009
Included observations:15

Root Mean Squared Error	1 658.008
Mean Absolute Error	1 108.690
Mean Abs. Percent Error	2.719 260
Theil Inequality Coefficient	0.022 973
Bias Proportion	0.000 000
Variance Proportion	0.004 360
Covariance Proportion	0.995 640

图 4.3　模型的预测结果分析

注：“*YF*”表示对 *Y* 的预测。

从图中看到，平均绝对百分误差 MAPE = 2.719<10，希尔不等系数 $TIC=0.02$接近于 0，表明模型的预测精度较高。且在偏差率 $BP=0.000$，方差率 $VP=0.004$，协变率 $CP=0.995$ 中，均方误差大多数集中在协变率上，表明模型预测将比较理想。

（三）结果分析

根据式 4.2、式 4.3、式 4.4、式 4.7，算得农林牧渔业总产值（Y_t）的生产函数在 2009 年的弹性系数为 1.883 6，即 2009 年我国农业外部资金投入（在本书模型中也即农业资金投入)的产出弹性系数为 1.883 6。

农林牧渔业总产值的生产函数[即式(4.7)]及其在 2009 年的产出弹性系数表明,农业外部资金投入所对应的系数显著为正,农业外部资金投入对农业生产总值的影响是比较显著的:农业外部资金投入每增加 1 亿元,农林牧渔业总产值就将增加 1.883 6 亿元。

从模型还可以看出,我国目前的农业资金投入明显不足,应当增加农业资金的投入。如果涉农生产者投入的自有资金保持不变,最优的农业外部资金投入规模应是 2009 年农业外部资金投入实际规模的 1.354 倍。

第五章　现代农业发展中金融借贷资金供求分析

农村金融是金融支持现代农业发展的主体。改革开放以来,农村金融促进了农业增效、农民增收,推动了农业和农村经济发展。在农业转型中,农村金融借贷资金的供求是否平衡将直接影响到我国现代农业的发展。

一、金融借贷资金支持现代农业发展的需求分析

(一)现代农业发展对金融借贷资金需求的总体特征

目前我国的农业正处于农业转型时期,农业投入的要素结构也在发生较大的变化,其中较为明显的是劳动力投入比重有所下降,而对资金投入的要求则显明上升。就整体而言,我国现代农业发展对金融借贷资金的需要具有以下特征:

1.对金融借贷资金的需求总量逐渐增多

一方面,不同于传统农业自给自足生产目的,只需维持简单再生产,农业生产总量的增长也主要依靠新增劳动力和土地,因而资金的需求增长很弱。现代农业是市场经济下的商品生产,不仅需要依靠新增土地来进行外延扩大再生产,更需要通过将不断发展的科学技术广泛应用于农业、将不断更新的现代化劳动手段应用于农业生产,以及提高劳动者素质等来进行内涵扩大再生产,以

充分发挥规模效应、提高劳动生产率、降低农业经营风险、提高农业投资效益。这些都离不开资本的投入。

另一方面,由传统农业转型发展到现代农业,对资金的需求已不只是购买种子、化肥之类的小生产资料的开支,而是进行农业水利建设等农业生产环境和条件的改善、进行农业技术开发、购买先进农业生产工具、组建大规模的农业生产组织、延长农业生产链等方面的投资,因而农业投资的资金量大且周转期较长。而作为我国当前农业生产者主体的农户,没有这么多的资金积累,或者可以更确切地说,其资金积累离这种投资需求很远。

从上述分析我们可以看出,我国要发展现代农业,需要大量的外部资金投入,这些外部资金投入有赖于国家财政投入和金融借贷资金的支持,在目前我国财政投入困难的情况下,依靠金融借贷资金的支持就更为重要和关键了。

2.对金融借贷资金的需求具有不平衡特征

现代农业发展对支农借贷资金需求具有不平衡的特征,主要表现为:

在那些政策和交通及自然条件等占优势的地区,一般经济发展较快,人们普遍比较富裕,往往形成了一批龙头企业或者农业大户,农村乡镇企业也比较发达,且往往具有一定的规模。因此,这些地区对借贷资金的需求大多是用于扩大生产经营规模、购买新设备、研发新产品、开拓市场等。这些借款者往往具有丰富的生产经营经验、经营效益良好、具有优越的社会关系,其借款也具有量大、借款时间长、贷款用途有完整的方案、还款保证度较高等特点,因而比较容易获得正规商业金融机构的资金支持,民间借贷往往也比较活跃。

而在一些相对比较贫困的地区,一般是一家一户的生产,他们对借贷资金的需求,往往是用于购买种子、化肥等基本生产资料来维持最基本的生产,甚至可能是用于婚丧、子女上学等应急消费。这些借款者往往不具有现代化的生产经营经验、对生产经营的风险控制能较差、经营效益欠佳,其借款也因而具有额小、借款时间短、还款保证度较低等特点,因而难以获得正规商业金融机构的资金支持;并且,由于大家都缺乏资金,因此民间借贷往往也不活跃。

此外,富裕地区的农业生产者和农村乡镇企业业主,不仅比较容易获得各种其他金融资金的支持,而且,由于其融资渠道较宽,融资选择范围大,且其融资也是基于获得更大利润的考虑,因而融资成本一般比较低,所以对借贷资金的利率相对敏感,难以接受较高的贷款利率。而贫困地区借款者,由于融资渠道窄,其融资机会基本无选择,而且其融资一般也是基于减少损失的考虑,因而其可接受的融资成本往往较高,对借贷资金的利率相对不敏感。例如,笔者所了解到的,以中欧小额信贷项目为例,其在株洲炎陵县的一些相对比较富裕的村,年贷款利息为7.5%或以上时就被普遍认为较高,到9%时借款明显减少;据调查,这些借款者借款主要是为了扩大生产经营,他们不仅权衡经营收益与借款成本,而且还权衡不同渠道的借款成本。而在海南省个别比较贫困的村,由于缺乏资金严重,融资渠道极为有限,因而年贷款利率达到18%时尚有大量借款申请;据调查,这些借款者借款主要是为了不至于中断生产,甚至是为了不至于中断子女学业等,他们出于减少损失的考虑,往往是只要有借款机会就不会放过,在那些地方,他们没有多的融资渠道可供权衡与选择,他们唯一要权衡的是借款成本不至于超过不贷款的损失。

3.对支农借贷金融服务需求呈现多样化

当前我国对支农借贷金融服务的需求呈现多样化趋势。

首先,表现为对支农借贷金融产品需求的多样化。据调查,不同农业生产者对支农借贷金融产品的需求是不同的:农业龙头企业一般需要金额较大、期限较长、成本较低的贷款;农业生产大户则一般需要金额较大、期限不是很长、成本相对较低的贷款;而一般农户则希望获得手续简便、无须担保、额度小、期限短、利率不是很高的贷款,据调查,一般农户对农村信用社相继推出的农户联保贷款和小额信用贷款等贷款方式表示非常满意。

其次,表现为农业生产者借款用途的多样化。农业龙头企业和农业大户借款基本是用于发展生产、扩大经营,而一般农户借款除了用于发展生产、扩大经营以外,还希望能获得消费贷款,如用于接受教育、建设住房等。

最后,表现为农村信贷需求"粗短"化倾向。由于一方面,经济积累的增强,农户从事基本农业生产的资金大都能够自给解决,涉农信贷资金需求逐渐转向扩大经营规模和发展新产品;另一方面,物价的持续上涨,货币贬值,同样规模的项目所需投资的货币量增加,涉农信贷资金额度也随之增大。同时,由于农户经营抗风险能力较弱,农户也对此逐渐有了较深和较理智的认识,其所从事的生产经营项目也一般是“短、平、快”的项目,因而农户对金融借贷资金需求的期限也大多以一年内的居多,呈现出“金额大、期限短”的“粗短”型信贷需求。

(二)不同主体的金融借贷资金需求特征分析

我国当前的现代农业转型发展越来越依赖金融的支持,存在多种主体的不同需求。农户、农村小企业、农村专业合作经济组织是最重要的农村金融借贷资金需求的主体,政府、农业龙头企业、农村大中型企业一般是国家政策性金融资金和城市金融资金的需求主体。基于所研究问题的范围限定,本书只分析农户、农村小企业、农村专业合作经济组织这 3 个最重要的农村金融借贷资金需求主体的需求特征。

1.农户的借贷资金需求分析

从笔者对海南、四川和湖南的 20 几个村镇的调查结果来看,不同经济发展水平的农村地区的农户借贷,在民间借贷活动、从正规金融机构获得资金的约束因素等方面存在着许多共性,但在借贷金额、借贷目的、借款渠道、非正规金融渠道的借贷利率等方面存在较大的差异。

(1)农户借贷的主要共同性特征

各地农户借贷的共同特征主要表现在以下方面:

首先,农户向非正规金融市场借贷要远比向正规金融机构借贷普遍,且向亲戚、邻居、朋友借贷是绝大部分农户借贷的主渠道,但经济发展水平不同的地区存在较大的差异。据笔者的调查,在经济相对发达的农村,农户从正规金融机构借贷的比例较高,但也很少有达到 40%或以上比例的;而这些地区的农户从非正规金融市场借贷的比例一般在 70%以上,有的高达 90%以上,而且基本是向亲戚和朋友借贷,极少有向单纯为邻居关系的人借贷的。此外,这些农户所借款项用于农业生产的较少,用于农产品(包括水果)贸易和乡镇企业生产经营的较多。在经济相对落后的农村,如海南昌江黎族自治县的一些农村,农户从正规金融机构借贷的比例几乎为零;他们从非正规金融市场借贷的比例也不高,一般在 70%以下,而且他们主要是向地域较近的亲戚和邻居借贷,较少向远方的亲戚和朋友借贷的。在经济较活跃的农村中，农户向非正规金融市场借贷活动的圈子是：父母—兄弟姐妹—近亲戚—朋友—地下钱庄—邻居—其他。在经济相对落后的农村中，农户向非正规金融市场借贷活动的圈子是：父母—兄弟姐妹—地域较近的亲戚—邻居—其他。可见，血缘与亲缘关系是农村借贷中占绝对优势的借贷活动圈子。

其次，农户向正规金融机构借贷的约束因素相同，即贷款条件苛刻、贷款手续复杂，致使农户选择不进入正规金融市场。尽管经济发达地区和相对富裕的农户更容易从正规金融机构获得贷款，但非正规金融市场借贷在农户借贷中所扮演的地位比正规金融借贷更重要。据笔者的调查，不管是贫困农村还是经济较发达的农村，农户均反映向正规金融机构借贷虽然名义利率较低，但手续繁杂，借贷条件苛刻，对无抵押贷款和小额贷款来说，实际成本较高，因而如果非正规金融市场不是利率太高或资金供给量能满足需要的话，大部分农户都更愿意通过非正规金融市场借款。从深层次分析，农户向正规金融机构借贷的约束主要有担保缺失、交易费用高、借贷市场信息不对称。

(2)农户借贷的主要差异性特征

从所调查的农户来看，农户借贷的差异性特征主要表现在以下方面：

第一，不同经济发展水平地区农户的借贷意愿差异较大。首先，从借贷愿望来看，由于经济较差的地区贫困农户受约束性更强，致使经济发展越落后的地区，金融支持的实际程度越低，而经济较好的地区，金融支持的实际程度越高，因此形成了一种"马太效应①"：一方面，经济较好的地区发展更快，经济较差的地区发展更慢；另一方面，经济较好地区"自有资金"更多，经济较差地区的农户明显较经济较好地区的农户有更加强烈的借贷愿望。例如，如前文所述，以中欧小额信贷项目为例，其在株洲炎陵县的一些相对比较富裕的村，年贷款利息为7.5%或以上时就被普遍认为较高，到9%时借款申请明显减少；而在海南省昌江黎族自治县的一些农村，由于缺乏资金严重，融资渠道极为有限，因而年贷款利率达到18%时尚有大量借款申请。其原因是，大多数贫困地区的农民都缺少自有资金，不得不通过借贷来维持其基本的生产和消费。其次，在不同经济发展水平的农村，农户借贷金额意愿差异很大。在笔者的这次调查中，经

① 马太效应(Matthew Effect)是指强者越强、弱者越弱的现象。

济最发达的两个农村的农户认为，贷款5万元以下没什么用，他们借款一般要求在5万元以上，所要求的借贷期限也较长，一般为1~2年；而在经济最不发达的两个村，农户申请的借款金额一般在500~5 000元，其中以2 000~3 000元的居多，所要求的借贷期限也较短，一般为6~9个月。其原因是，经济发达地区农户借贷主要是扩大再生产、改善生产条件等，其资金需要量大，回收期也较长；而大多数贫困地区农户借贷主要是维持其基本的生产和消费，因而资金需要量较小，周转期也较短。

第二，不同经济发展水平地区农户借贷的目的和可供选择的借贷渠道差异较大，因而决策方式也极不相同。据笔者的调查，在经济较活跃的农村，农户借款主要是为了扩大生产经营，他们一般都有相对优越的社会关系和可供抵押的财产，更有成功的生产经营先例和良好的领用记录，因此他们在借贷决策时，不仅要权衡经营收益与借款成本，而且还要权衡不同渠道的借款成本。而在比较贫困的农村，由于缺乏资金严重，大部分农户又无优越的社会关系和成功的生产经营先例，以及良好的领用记录，因而融资渠道极为有限，并且，他们借贷的基本上是出于减少损失的考虑，例如为了不至于中断生产，甚至是为了不至于中断子女学业等，因此，他们在借贷决策时只能权衡借贷成本和不借贷的损失。

2.农村小企业的借贷资金需求分析

农村企业包括农业龙头企业、农村大中型企业和农村小企业。由于前两者与农村小企业明显不同，而与城镇大中型企业基本相同，本书不专门论述农业龙头企业和农村大中型企业的借贷资金需求，而只对农村小企业的借贷资金需求进行分析。

长期以来，农村小企业在解决我国“三农”问题的进程中扮演着十分重要的角色，但农村小企业融资难问题一直束缚着其发展。笔者认为，农村小企业是农村经济发展的加速器和主力军之一，因为农村小企业的生产经营活动往往以农业为基础，为农业发展而服务，它们一般是从事农产品加工、农业生产工具加工或修理修配服务等。因此，了解农村小企业的融资需求，解决其融资难的问题，是有力地促进我国农村和农业现代化建设发展的重要手段和重要保障。

(1)农村小企业借贷的主要特征

近些年来,我国各类农村小企业发展异常迅速。这些农村小企业的行业分布以农产品加工与贸易、农业生产工具制造与修理修配为主,其业主以中年人为主,业主的学历分布以高中(中技)和专科为主。然而,由于农村小企业在发展中存在的制度性缺陷、相对政治地位低下,以及外部环境、正规金融市场发展滞后等原因,导致其融资困难。

第一,农村小企业获得借贷资金的渠道特征。农村小企业一是向正规金融机构借贷,主要包括农业银行贷款和农村信用社贷款,在经济比较发达的地区还可以向其他商业银行贷款。二是向以家族、亲戚、朋友、邻居为主的非正规金融市场借贷。从借贷意愿来看,据笔者的调查,曾向正规金融机构申请过贷款的农村小企业占本村全部小企业的比例,最低的也都达到了80%,因此,绝大部分的农村小企业都有向正规金融机构借贷的强烈愿望。但由于向正规金融机构借贷的手续复杂、条件苛刻,这些借贷申请如愿以偿的较少。因此,这些农村小企业的业主在实际借贷行为中更加倾向于向非正规金融市场借贷,他们经常从非正规金融市场获得借贷资金的比例高达90%以上;其借贷主要发生在家族、亲戚、朋友之间,周期很短、金额较小的借贷更多的是发生邻居之间;借贷的地域范围一般也限于本村镇。

第二,农村小企业的还贷特征。绝大部分农村小企业(超过85%)都十分强调信誉在自身发展中的重要性,还贷比较积极。但从不同渠道获得借贷的企业,其还贷特征出现了一定的差异性:首先,对于正常经营的企业来说,其从正规金融机构获得的借贷,极少发生延期现象。因为企业主都能认识到,一旦不及时还贷,企业及个人的信用等级就会下降,加上农村是个熟人社会,不守信用将很快成为公开信息,最后将导致企业和个人无法从正规金融机构借款。但从非正规金融市场获得的借贷,经常会由于一些特别的原因而延期还贷。因为从非正规金融市场获得的借贷,大多与“血缘”“地缘”“业缘”有关,贷款人对借款人确有原因延期还贷也比较能理解和灵活处理,一般不会对借款人有不良的评价,除非借款人故意拖欠或经常拖欠。其次,对于经营失败的企业,尤其是经营极度失败的业主来说,他们从正规金融机构获得的借贷,经常出现赖账不还的情况,但他们从非正规金融机构获得的借贷,虽然拖欠时间可能较长,但较少有赖账不还的情况。

第三,农村小企业向正规金融机构借贷的约束性。农村金融抑制非常严重，由于自身条件不符合正规金融机构贷款的严格要求，或者由于复杂的借贷程序提高了借贷双方的成本，大部分的农村小企业无法从正规金融机构获得借贷资金。而且，一方面，政府频繁的宏观调控措施，往往使在正规金融机构有借贷的农村中小企业成为信贷紧缩的“重灾区”，迫使这些中小企业，尤其是农村小企业将借贷的主要对象定位于非正规金融市场；另一方面，由于广大农村小企业的主要借贷渠道是非正规金融市场，其难以由政府监管，造成了他们的借贷意愿与宏观政策无关，进而导致了国家宏观调控政策在农村的失效。

(2)农村小企业从正规金融机构借贷难的经济学分析

利益最大化是市场机制的内在要求，资金的市场流向也必然遵循这一要求。由于各种原因，农村小企业在融资规模、还贷保障等方面不及大中型企业；在生产发展和信息披露等方面，也不及城镇小企业。因此，在没有其他机制干预的情况下，农村小企业在资金市场上很难与大中企业和城镇小企业竞争。由于我国资金资源仍是最主要的稀缺资源之一，在市场经济社会，农村小企业必然存在融资难问题。其原因有：

一是信息不对称。按照目前我国正规金融机构的信贷信用调查管理模式，农村小企业在申请银行等正规金融机构的贷款时，由于其规模小、经营风险大、法人治理结构不完善、管理不大规范、会计核算不大健全等因素的存在，往往被认为是信息不透明，从而导致了农村小企业与这些正规金融机构之间的信息不对称要比大中型企业严重得多。通常人们认为，信息不对称会使农村小企业在借款过程中产生道德风险和逆向选择风险。因此，正规金融机构对农村小企业的贷款非常谨慎，所要求的贷款利率和抵押水平都会比较高。而提高借贷利率和抵押水平，又会使事实上经营良好、低风险的借款人退出正规金融市场，转向非正规金融市场借贷；留下来的是那些质量差、高风险的企业，它们难以从熟悉它们的非正规金融市场获得借贷，就只好支付较高的利率和提供较高水平的抵押，来获得正规金融机构的贷款。这些企业获利贷款后，也知道自己的经营形式不好，因此往往利用信息不对称等机会，将贷款改投高风险高收益项目，以冒险一搏，从而出现道德风险问题，使贷款人承担了更大的风险。这样，就出现了一个恶性循环：质量差、高风险的企业驱赶走质量好、低风险的企业→大量出现农村小企业在融资中的逆向选择→降低了正规金融机构放贷给农村小企业的收益水平，提高了其风险水平→正规金融机构更加不愿意向农村小企业放贷。

二是金融抑制。爱德华·肖和罗纳德·麦金龙的金融抑制理论认为:发展中国家的金融体系不健全、未充分发挥金融市场机制作用,过多的金融管制措施存在于经济生活中。例如,在发展中国家,金融管理当局硬性规定存贷款利率上限,利率也就不能正确反映资金供求状况。其次,较高的通货膨胀普遍存在于发展中国家,管理当局硬性规定名义利率的上限,导致资金需求远大于供给,从而导致了正规金融机构以"配给"方式授信,并进行资金投机等。在这种情况下,资金往往是被与政府机构和正规金融机构关系密切的一些特殊行业和部门、大型企业所获得,那些社会关系不足的农村小型企业往往得不到贷款。

3.农村专业合作经济组织的借贷资金需求分析

农村专业合作经济组织是广大农民群众为了提高组织化程度,共同组建的一种"自我管理,自我服务,自我受益"的新型经济合作组织。根据其不同的动力源泉,农村专业合作经济组织可以分为四种类型,即由农民自发组建的"农户+农户"模式的专业协会或合作社、由政府推动和引导组建的"政府+农户"模式的"官办"合作经济组织、由项目资助引导组建的"专业协会+农民" 模式的合作经济组织、由企业带动组建的"公司+农户"模式的合作经济组织。

农村专业合作经济组织的融资途径,主要包括四个:一是农村合作经济组织的内源性融资,包括:①会费、股金等,这是农村合作经济组织的原始资金支持;②公积金和红利挂账。二是获得国家财政的支持。三是向非正规金融市场借贷,主要是向会员、非会员借贷和向一些民间借贷组织借贷。四是向银行等正规金融机构借贷,主要是向农村信用社和农业银行借贷。笔者通过调查后发现,由于其条件达不到银行等正规金融机构的贷款要求,大部分的农村专业合作经济组织都不能有效地从正规金融机构获得贷款;尤其是"农户+农户"模式的专业协会或合作社和由项目资助引导组建的"专业协会+农民"模式的合作经济组织,基本上得不到正规金融机构的贷款。

二、金融借贷资金支持现代农业发展的供给分析

(一)金融支农借贷资金供给的总体特征

我国金融支农借贷资金供给的总体特征,可以从下述两个方面加以说明。

1.金融支农借贷资金供给的主要类型

我国金融支农借贷资金供给的主要类型,可以从金融支农借贷资金的来源和支持对象(或用途)两个方面来归类。

(1)按资金来源分类的金融支农借贷资金供给的主要类型。包括农村正规金融机构贷款和其他方面的支农贷款。

中国农业发展银行、农村信用社、中国农业银行和其他商业银行在农村的分支机构组成了农村正规金融机构。中国农业发展银行主要是为粮、棉、油收购和储备供应资金;其次是提供有限的资金支持有偿还能力的农田水利设施、农业综合开发工程。农村信用社虽然名为信用合作社,但实质还是国有官办的银行,是我国农村金融机构中农业资金供给的主体,其金融产品虽然在近两年创新较大,但从整体上看,其业务品种仍然相对比较少,信贷管理仍然还比较粗放,贷款投放能力仍显不足,因而仍然不能满足农业和农村对金融资金的需求。中国农业银行把支持农业产业化经营作为支农工作重点,近几年也开始了对部分重点经营农户的资金支持。

其他方面的支农贷款主要包括:农村非正规金融市场为农业的发展提供资金、一些企业对农业发展的融资,以及一些外资对农业的注资贷款。这些借贷资金的最大的特点:一是借款手续比较简单,中间环节少,能更好地满足农业资金的需求;二是追求利润最大化行为明显,投资方向调整非常敏感;三是资金实力较弱。因此,这些涉农金融借贷资金的供给非常不稳定。

(2)按支持对象分类的金融支农借贷资金供给的主要类型。按所支持对象(或用途)分类,我国的金融支农借贷资金供给类型主要包括农业贷款和乡镇企业贷款等。

农业贷款是指针对农业生产的需要而提供给农业生产经营者的各种贷款。农业贷款的对象,主要包括国有农业企业、农业生产集体经济组织、农村生产合作经济组织和农户。农业贷款的用途或贷款项目主要包括农田水利基本建设、农业生产资料购置、农产品的加工和储藏与运销、农村公共设施建设等,其支持的核心是为农、林、牧、副、渔业及其相关产业提供资金支持。农业贷款主要有农业短期贷款和农业中长期贷款两种类型。

乡镇企业贷款是指对农村乡镇小企业发放的贷款。乡镇企业的发展，促进了农民增收，增加了农业和农村财力、促进了农村经济增长；促进乡镇企业发展，还能有效地解决农村富余劳动力的就业问题，这对我国的发展和稳定十分有益。鉴于乡镇企业发展对现代农业的发展的强有力的推动作用，对乡镇企业的贷款也是我国支农贷款的主要类型之一。

2.我国农村正规金融机构资金供给流向

总体上讲，我国农村正规金融机构从农村吸收的资金远大于投入“三农”的资金，存贷差异较大，大部分农村资金通过各种正规农村金融机构，直接或间接地流入非农业部门和非农村地区，见表5.1。

表5.1　我国正规金融机构对农户的存贷款余额比较　　单位：亿元

年份	2005	2006	2007	2008	2009
农户储蓄	24 606.37	28 805.12	33 050.26	41 878.69	49 277.61
农户借款	7 986.38	9 213.03	10 677.42	11 971.73	14 622.99
农业企业借款	–	–	–	–	5 234.21

资料来源：摘自《中国金融年鉴2010》，其中上述数据为农村合作银行、农村商业银行和农业信用合作社的相关数据之和。

（二）正规金融机构的支农借贷资金供给分析

在我国的支农借贷金融主体中，正规金融机构包括农村信用合作社（有的改名为农村商业银行或农村合作银行等）、中国农业发展银行、中国农业银行，以及其他商业银行在农村的分支机构等。

1.农村合作金融的供给分析

农村信用合作社①是农村合作金融，它于1951年组建，1956年开始在全国

① 农村信用合作社包括由原农村信用合作社改革或改名而来的农村合作银行和农村商业银行。因为国家对它们的管理仍套用农村信用社管理规则，它们的内部法人治理结构和业务模式也与农村信用合作社基本相同。

推广,由中国农业银行管理,是农村的主要金融机构。20 世纪 90 年代我国金融体制改革后,国有商业银行逐渐退出了农村市场,农业银行也逐步取消了县以下的农村网点。农村信用合作社与农业银行脱钩,在全国范围内进行合作制规划,由于种种原因,最终未能达到目的。这时的农村信用合作社,一方面被推到了几乎是农村金融的唯一支柱的地位,另一方面又面临着发展资金严重不足和大面积亏损的状况。国务院于 1996 年出台的《关于农村金融体制改革的决定》提出,农村信用合作社要按照合作制的原则规范信用社的发展,但没有取得实质性的进展。2003 年 6 月,在经过 8 个省(市)的试点后,国务院出台《关于印发深化农村信用社改革试点方案的通知》(国发〔2003〕15 号),要求 2004 年 8 月起在除西藏和海南外的其余 21 个省(市)全面开展农村信用合作社改革,在有条件地区可改制为农村商业银行、农村合作银行等金融机构或实行以县(市)为单位统一法人,其他地区可继续实行乡镇信用社、县(市)联社各为法人的体制。截至 2009 年末,全国农村信用合作组织(法人机构)达到 3 252 个(包括改革后的"农村信用合作社"3 056 个、"农村合作银行"196 个);2009 年,共计发放农业贷款 15 605.78 亿元,占全国农业贷款发放总额的 59.85%。可见,农村信用合作金融机构充当着我国农村正规金融支农的主力军角色,在促进我国现代农业发展中功不可没。

但是,由于农村信用合作金融改革仍不到位,农村信用合作社难以在农村金融服务中担当重任。在 2003 年的改革之前,农村信用合作社处于外部干涉与内部人控制并存状态,官办色彩较浓,政府对农村信用合作社的干预较多,如主要领导职务的任命、重大改革及发展事宜的决策等等,均由政府或上级部门决策,社员对信用社的民主管理流于形式,农村信用合作社承担部分政策性业务。受市场经济发展及国有金融商业化改革大环境的影响,农村信用合作社 2003 年的改革又过度迈向了商业化经营的方向。2003 年改革后的农村信用合作社,商业化经营动机十分强烈,致使"为社员服务"的政治约束难以抵挡其"追求利润"的商业化冲动,其与广大农民的关系也在事实上成了纯粹的商业服务关系。可见,农村信用合作社在事实上已经成为一种农村基层的国有银行,不具备规范的合作金融性质,不能为社员提供基本信贷保障。也正因为其不能为社员提供基本的生产和生活信贷服务,农民参与农村信用合作社的积极性不高,加入农村信用合作社的农民数量较少,致使农村信用合作社提供的合作信用服务覆盖面过窄,与发达国家合作金融覆盖绝大多数农民的基本现状相去甚远。因此,农村信用合作社难以真正发挥农村合作金融所应有的功能,难以胜任支农主力军重任。

2.农业政策性金融的供给分析

农业政策性金融具有以下行为特征:①政策性,农业政策性金融机构是政府的金融机构,决定了其不应是盈利的工具,而应当是专门贯彻和执行政府的农村经济政策和意图的金融工具。②非营利性,目标主要是社会效益最大化,而不是机构利益最大化。这并不等于要亏损、不能盈利,也不代表不能采用市场化运作模式。相反,应当要求农业政策性金融按照市场机制运作模式为农村提供金融服务,来提高其运行效率和质量。③非竞争性,即其应当只在商业性银行不愿意经营的农业或农村领域发挥作用,政策性金融在业务上不应当与商业性金融形成竞争,而应当成为反方向依存的关系。

在我国,中国农业发展银行是农业政策性金融的主要主体。它于 1994 年成立,在承担农业政策性金融支持农村经济发展的任务方面,发挥了非常重要的作用,但其多年来一直注重把资金投向农产品的流通环节,而在农户和其他农业生产者扶持性贷款方面、农业基础设施建设和维护贷款方面投入甚少。尤其是 1998 年我国实行了粮食流通体制改革后,中国农业发展银行将主要业务定位于粮食收购资金封闭运行政策。为此,中国农业发展银行成了专业的“粮食收购银行”;其粮食收购资金服务针对部分国有粮棉油收购企业。虽然 2004 年以来,中国农业发展银行的经营范围逐步扩大,不仅其服务对象扩大到了所有粮棉油购销企业,而且还增加了新的业务,包括农村基础设施建设贷款、农业综合开发贷款、产业化龙头企业贷款、农业科技信贷等。但是,中国农业发展银行的主要业务仍然是粮棉油的收购信贷,其对粮棉油流通环节的贷款占其信贷资产总额的比例一直在 90%以上。2009 年,中国农业发展银行获准开办了县域城镇建设贷款和县域内公众存款业务[①],开始了非农业项目贷款业务。可见,农业发展银行功能太过简单,服务严重缺位,其业务拓展方向也很可能被认为有

---

① 见《中国银监会关于中国农业发展银行扩大县域存款业务范围和开办县域城镇建设贷款业务的批复》(2009 年 6 月)。

转向非农业方向的迹象，其对农村经济和现代农业发展的应有作用没有充分发挥，资源浪费较为严重。

近些年来，中国国家开发银行也开始“将服务‘三农’事业发展、民生改善的基层金融业务领域确定为全行战略重点，采取多种渠道增加涉农投入，增强服务‘三农’的能力。截至2010年年末，累计发放新农村建设及县域贷款8 559亿元。”[①]国家开发银行现有的涉农信贷投放领域主要集中在农业和农村基础设施建设贷款、农村教育和农村医疗基础设施贷款，以及农村危旧房改造和农民安置房信贷三大领域；正在积极开发信贷模式创新的业务包括：①创新支持农产品市场建设、升级改造和物流体系建设。截至2010年年末，共支持24个农产品市场项目，累计发放贷款25亿元。②创新以批发方式解决零售问题，探索统一标准化信贷模式。深化与市、县政府的合作，探索以批发方式提供中小企业和农民贷款。截至2010年年末，国家开发银行累计发放贷款746亿元，惠及71万户农村中小企业和经营户，使金融服务向县域农村有效延伸。从上述数据看，我们也能明显地感觉到，国家开发银行的涉农金融服务也远远不能满足实际需要，其所提供的涉农信贷数量也是微乎其微的。

造成农业政策性金融服务缺位的原因主要可归结为两项：

一是资金来源渠道狭窄，资金供求缺口较大。政策性银行的资金来源一般有3个渠道：财政资金、中央银行借款、市场融资。除专项存款和资本金由财政拨付等来源不多的少数融资渠道外，目前中央银行的再贷款是中国农业发展银行的主要信贷资金来源，即由人民银行以确定的低利率向各商业金融机构摊派发行金融债券，占中国农业发展银行各项资金来源的97%左右。这种主要靠行政干预的、非完全市场化的融资方式，几乎是我国农业政策性金融资金的唯一来源，且来源不足。另一方面，我国是个农业大国，且正处于由传统农业向现代农业转型发展的起步阶段，自然对农业政策性金融的需求巨大。这就使得农业政策性金融面临较大的资金供求缺口压力，并使得政策性金融支农乏力。

二是缺乏市场化运营理念，运行效率较低。西方发达国家的实践已经表明，政策性金融的非营利性、政策性目标和公共性特征与市场化运作方式并不矛盾，但我国在进行农业政策性金融制度设计时对此问题缺乏清晰的认识，因

① 摘自《中国农村金融服务报告2010》。

此农业政策性金融制度缺少相关的激励机制安排。这一制度缺陷导致了农业政策性金融服务缺乏积极性、管理中成本控制差、资金未能有效利用等问题的出现。低运行效率削弱了我国政策金融支农的作用。反观发达国家,其农业政策性金融的资金来源一般体现出多元化,一般包括财政拨款、中央银行再贷款、商业性金融借款和非商业性借款、在金融市场发行政策性金融债券等,而且,除商业性金融借款外,一般都具有无偿性和长期性特征。

3.农村正规商业性金融的供给分析

商业性金融是指以盈利为目的的金融,它是一个包括多种不同金融类型的多元化金融概念。在我国,正规商业性金融机构主要由国有商业性银行、股份制商业性银行、非银行商业性金融机构组成;其中,我国农村正规商业性金融机构包括中国农业银行和中国邮政储蓄银行。

中国农业银行是当前农村商业性金融服务的主导力量。由于农村信贷服务成本高、风险大、收益水平低,各国有商业银行不愿开展农业信贷业务。迫于政府的要求,尤其是新一轮农村金融改革重申了农业银行服务“三农”的市场定位,中国农业银行并未像其他国有商业银行一样大规模撤离农村市场,而是在探索和谨慎地发展着农村商业金融服务,并在一些地区开展了农村金融服务试点。然而,从目前现实来看,城市以及非农信贷仍是中国农业银行的主要业务——截至2010年年末,农业银行涉农贷款余额为1.47万亿元,占全部贷款余额的29.64%;其发放的涉农贷款也主要是县域中小企业贷款(贷款余额0.73万亿元)、农村基础设施贷款(贷款余额0.3万亿元)以及农村城镇化贷款,农户贷款余额仅为0.299万亿元。

中国邮政储蓄银行在农村的网点优势明显,截至2010年年末,邮政储蓄银行在全国拥有位于县及县以下农村地区的邮政储蓄网点2.96万个。但在2005年以前,其金融业务形式是“只存不贷”。直到2006年后,邮政储蓄银行才结束了其在农村的“只存不贷”局面,以批发资金的形式向农业重点建设项目提供资金支持。自2007年开始,中国邮政储蓄银行开始了探索按照商业化原则服务农村的有效形式,其涉农业务不断拓展,尤其是农村地区小额贷款业务得到较快发展。目前中国邮政储蓄银行的具体涉农信贷业务形式为:①向农村地区金融机构提供批发性资金。截至2010年年底,邮储银行认购农业发展银行债券余额451.95亿元,与农村其他金融机构的支农协议存款余额185.2亿元。②开展银团贷款,将大宗资金批发投向农业综合开发、农村基础建设等领域。截至2010年年底,邮储银行涉农银团贷款余额34.1亿元。③发展零售信贷业务,将资金直接反哺农村。截至2010年年底,累计发放小额贷款1 885.03亿元。此外,邮政储蓄银行根据市场的变化适当调整贷款产品要素,不断推出了新产品。

(三)非正规金融机构的支农资金供给分析

本书中的"非正规金融",是指新型农村金融和民间金融。

1.新型农村金融的信贷供给分析

截至2010年年末,我国新型农村金融机构在全国已达到509家,中西部地区305家,超过80%的贷款用于"三农"和小企业。新型农村金融机构填补了部分地区农村金融服务空白,提高了农村金融市场的竞争程度和运行效率。

(1)小额贷款公司的信贷供给分析

1994年由杜晓山和茅于轼的试验为开端,开始了小额信贷在中国的初期发展阶段。1998年开始,全国掀起了小额信贷试点热。银监会和人民银行于2008年5月颁布《关于小额贷款公司试点的指导意见》,各地小额贷款公司试点迅速发展。截至2010年年底,全国小额贷款公司数达到2 451家,贷款余额1 975.05亿元,其中短期贷款余额1 952.57亿元,占各项贷款总额的98.86%;实收资本1 780.93亿元,占小额贷款公司资金来源的78.6%;2010年实现账面利润98.3亿元。这说明小额贷款公司贷款绝大部分都是短期贷款并且大部分资金属于自有资金。

小额贷款公司由于其经营切合农村实际,信贷业务灵活,手续快捷,深受农户欢迎,其对农村贷款覆盖面扩大很快,并真实地促进了农业生产和农村经济发展,有效地改善了农民的生活。以海南省中和农信昌江黎族自治县农户自立服务社为例,截至2010年年底,共计在全县发放农村小额贷款1 407户,占全县农户(3 957户)的35.56%,贷款余额240万元,全县各乡镇出现了不少依靠该小额贷款发展起来的特色专业户。又如四川省宝兴县夹金山林业局的由中欧天然林管理项目资助成立的职工小额信贷项目,其开展业务三年来,使得广大职工不只是增加了收入,减少了因工资低而贫困的现状,更重要的是:①他们在下班后都能有一份自己的小事业,而不再是打牌、闹事;②他们都能安心自己在林场的工作了。总之,我们的调查认为,小额贷款公司的小额贷款业务,一方面真实地促进了我国农业的发展,很大程度上改进了农民的生活,进而促进了我国农村的发展,对农村安定和谐也起到了非常重要的促进作用;另一方面也在引导民营资本和国有商业金融开展涉农服务方面发挥了先驱和经验开创的重要作用。此外,小额贷款公司还在大资金和小客户之间发挥了桥梁作用。

但是,生存的持续性问题突出。小额贷款公司"只贷不存",由于不能吸收存款,也得不到商业银行或其他来源的资金支持,完全依靠为数不多的自有资金来发放涉农商业贷款,导致各类小额信贷机构面临着较大的资金风险,因此而制约了小额信贷机构的发展,并进而制约了农业的长足发展。此外,虽然国内的农业小额信贷业已经历经十几年的发展,但是还是未有完善的法律环境,而且,由现在的银行监管系统,用它的条例来管小额信贷是不够的,一定要有专门的监管机构来专职监管农业的小额信贷[144-145]。

(2)农村资金互助社的信贷供给分析

农村资金互助社是由乡(镇)、农民和农村小企业、经济实体自愿入股组成,为社员提供信贷服务的社区互助性金融机构。我国于 2006 年开始在部分地区进行试点,中国人民银行统计,截至 2010 年年末,农村资金互助社在全国达到 37 家。

农村资金互助社的借贷程序比较简单,贷款发放较快,一般不需要抵押,主要是信用贷款或社员担保;其贷款利率较低,一般低于同档农村信用社的贷款利率。农村资金互助社为社员提供了方便快捷的信贷服务,为入社农民解决了资金需求难题。因此,农村资金互助社的出现,为农村合作金融的发展植入了新生力量,全国各农村资金互助社自成立以来的运行情况,也初步显现出了其在解决农民基本生产和生活资金需求方面的良好作用。

但是,农村资金互助社在其试点及运行过程中也暴露出了一些问题:

一是其合法性被倍受担心。以湖北省荆州市监利县的"王垸村养老基金会"为例:该基金由王垸村的 5 个老人于 2006 年发起成立,吸纳同村老年人股金来发放贷款,利息用于分红。成立当年,就有 86 位老人入股股金总额 27.2 万元;2010年年末,协会入股人数达到219人,股金总额103.8万元。但该基金会被认为是非法组织,其2006年成立至今,依法取缔的文件曾多次下发。但几乎照搬其模式的河南省信阳市平桥区五里店办事处郝堂村“夕阳红养老基金互助合作社”却得到了当地政府的支持和表彰,运行良好。据《信阳日报》报道,平桥区已注册成立45家农村资金互助社,而信阳市有419家。从全国性文件来看,一边是2003—2010年的中央一号文件持续强调大力发展农村金融,并明确指出“支持有条件的合作社兴办农村资金互助社”,另一边又是2007年的《农村资金互助社管理暂行规定》(银监发〔2007〕7号)明确规定农村资金互助社的筹建申请要由银监分局审批,取得金融许可证,方可按工商行政管理部门规定办理注册登记。但许多人又认为,非法集资一般由政府金融办进行认定和处置。由此可见,我国在对待农村资金互助社的问题上,各种政策和法律相互干架严重,这就给农村资金互助社的健康发展带来了合法性疑虑障碍,从而威胁到其生存的持续性。

二是资金不足。由于参加互助社的农民在互助社的存款少,而对贷款的需求较大;尽管银监会允许其向其他金融机构融资,但由于缺少具体的执行文件,资金互助社向商业银行的融资难以开展。资金不足问题制约了互助社功能的发挥,并进而影响了其生存的持续性。

2.农村民间金融的信贷供给分析

据调查了解,我国农村民间金融,从有无组织机构来看,可以分为有一定组织的民间借贷和无组织的民间借贷两种主要形式;从其借贷手续来看,可以分为口头约定型、简单履约型和高利贷型三种情形。有一定组织的民间借贷是一种民间合作金融组织,它是群众自发建立的资金互助组织,其具体表现形式有合会、各种基金会、协会等。无组织的民间借贷是以个人名义发放的贷款。所谓口头约定型借贷,是指借贷无任何手续,完全依靠个人间的感情及信用行事,这种借贷一般发生在亲戚朋友、同乡、同事、邻居等熟人之间的无组织的民间借贷中。所谓简单履约型借贷,是指需要履行一些简单手续的民间借贷。这种借贷形式在民间借贷中广泛存在,如果发生在有一定组织的民间借贷中,一般需要进行简单灵活的还款审查、提供旨在主要是提高违约成本而非还款保证的抵押或担保、签署简单的借贷合同和借据；如果发生在无组织的民间借贷中，一般是仅凭一张借条或一个中间证明人即可成交。所谓高利贷型借贷，是将款项借给急需资金的人或企业，其借款利率高出银行贷款利率3倍以上，或者发生在打牌等赌博场合或圈子内，从而获取过分高额回报的民间借贷。

据调查，在目前我国农村，民间借贷有以下显著特点：①借贷期限较短，一般不超过1年。②借贷利率高低不一，有至少一半笔数的民间借贷是无息或微息的互助性借贷，但大多数金额较大的民间借贷的利率相对银行贷款利率要高，一般都是在银行贷款利率的基础上上浮一定幅度（目前年利率10%~18%居多），但除了高利贷型借贷（其年利率一般在20%），一般村民都认为其他类型借贷利率是合适的。③手续简便，以信用贷款为主。大多数借款人只需写下借据，个别情况需他人担保。④服务对象复杂，资金投向领域宽。服务对象包括个人或家庭、个体工商户、私营业主，甚至各类农村企业；用途也非常广泛，除主要用于生产经营投入外，也被用于建房投资、婚丧嫁娶、医疗教育等方面。⑤活动范围越来越广泛、组织机构越来越规模化、组织形式和操作手段越来越“规范”、借贷数额越来越大的趋势明显。⑥亲情、人情仍是农村民间借贷的主要基础，但获利性动机越来越超越传统动机。⑦借贷资金来源仍以自有资金为主，但金融机构的信贷资金逐步成了民间借贷重要资金来源。⑧借贷对象一般集中在种养业专业户、运输业专业户、私营企业业主，以及有子女上大学或研究生的家庭。

在我国，民间借贷历史悠久，目前也在事实上成了农村金融资金最主要的供给者。它弥补了农村正规金融服务供给不足，是农民生产生活、乡镇企业创业原始资金的主要供给渠道，为农民的生活生产、农村经济的发展做出了极为重要的贡献。民间借贷简便、灵活、高效率、低成本（尽管利率经常要高于银行利率，但由于手续简便、其他费用少，因而对借款人来说总的成本较低），深受广大农民的欢迎。但是，我国民间借贷在当前的发展过程中也存在一些问题，其中最主要的是，农村民间合作金融组织是农民群众自发建立的资金互助组织，但往往长期未能得到政府的认可，未能获得合法身份，长期处于政府监管之外，因而其经营行为短期化特征明显，并由此而带来了一系列的问题，如管理不能规范、给国家宏观调控带来困难、对农村金融秩序具有一定的冲击性等。

三、基于金融相关率视角的支农金融借贷资金供求缺口测算

（一）分析方法与指标

美国经济学家戈德史密斯的金融与经济平行发展理论认为，经济发展与金融发展是同步进行的，正向发展的。为了定量反映经济增长与金融发展的关系，即为了衡量经济金融化的程度，戈德史密斯（1969）提出了金融相关率（Financial Interrelations Ratio，FIR）指标，它用一定时期内金融活动总量与经济活动总量的比值来表示。国际上人们一般用金融资产总量与国内生产总值（GDP）的比值来表示金融相关率。

戈德史密斯（1969）通过对几十个国家近百年的金融与经济发展情况计算 FIR 进行系统研究，结果表明：一国的经济越发达，其 FIR 值就越大；不同的金融相关率比值与不同的经济发展水平存在正相关关系，并且能大体反映一国或某一地区，或某一行业的经济发展水平。戈德史密斯（1969）还提出了 $M=FG$ 的公式。其中，M 表示金融资产总量；F 表示金融相关率，即 FIR；G 表示经济总量，即国内生产总值（GDP）。

本书也将采用该分析方法，对我国金融借贷资金支持现代农业发展的供需总量均衡情况进行分析。即，首先计算全国的综合 FIR 值，然后再以农产品商品化率代替农业市场化率，将全国的综合 FIR 值调整为农业金融相关率（AFIR）。因为，从理论上讲，金融相关率经济体的市场化和资本化程度高度相关：经济体的市场化程度和资本化程度高度越高，其金融相关率就越大。而经济体的资本化又取决于市场化程度，就我国的农业和农村经济来说，我国农业市场化主要表现为农产品的商品化。因此，本书用“农产品商品化率”将全国的综合 FIR 值调整为农业金融相关率（AFIR），然后再用农业金融相关率（AFIR）乘以农林牧渔业生产总值来近似计算理论上的农业金融资产总量。用上述方法计算所得的理论上的农业金融资产总量虽然未包括与农村中小企业对应的金融资产量，但也未扣除各种涉农债券、农业保费收入，以及农业企业的股票市值，鉴于我国的农业保费收入几乎为零、各种涉农债券和农业上市企业不多，凭直观经验可知未包括的与农村中小企业对应的金融资产量，基本可以抵消未扣

除的各种涉农债券和农业企业股票市值。因此,用上述方法所计算出的理论上的农业金融资产总量,可作为金融借贷资金支持现代农业发展的需求量。比较金融借贷资金支持现代农业发展的需求量与涉农贷款余额,即可看出金融借贷资金支持农业发展的供需总量均衡情况。

当然,由于我国目前尚无专门的金融资产统计数据,本书使用广义货币(M2)与非货币金融资产之和作为金融资产总量数值。其中,非货币金融资产包括各种债券、保费收入和股票市值。但按上述方法计算的金融资产总量数值也未包括与农村中小企业对应的金融资产量。

(二)数据及其来源

1.金融相关率(FIR)测算

根据《中国农业统计年鉴》和《中国金融年鉴》的相关统计数据,整理出我国1995—2009年的国内生产总值(GDP)和金融资产总值(M),并计算得金融相关率(FIR)见表5.2。

一般认为FIR值,欠发达国家为0.8左右,比较发达国家为1.6左右,发达国家为2.2左右。表5.2测算结果与国际情况基本吻合。

表5.2　1995—2009年我国的金融相关率

年份	金融资产总值/亿元	国内生产总值/亿元	金融相关率(FIR)
1995	70 333.2	60 793.7	1.2
1996	93 944.4	71 176.6	1.3
1997	118 956.0	78 973.0	1.5
1998	138 823.9	84 402.3	1.6
1999	165 543.4	89 677.1	1.8
2000	205 564.2	99 214.6	2.1
2001	228 232.92	109 655.2	2.1
2002	256 104.5	120 332.7	2.1
2003	302 172.5	135 822.8	2.2

续表

年份	金融资产总值/亿元	国内生产总值/亿元	金融相关率(FIR)
2004	335 566.0	159 878.3	2.1
2005	386 641.4	183 084.8	2.1
2006	448 674.1	209 660.8	2.1
2007	516 283.6	239 020.2	2.2
2008	601 966.6	274 870.6	2.2
2009	894 019.1	340 506.9	2.6

数据来源:《中国农业统计年鉴》《中国金融年鉴》。

2.农业金融相关率(AFIR)的计算

根据《中国农业统计年鉴》和《中国金融年鉴》的相关统计数据,整理出我国1995—2009年的农产品商品化率,并计算出我国的农业金融相关率(AFIR)见表5.3。

表5.3　1995—2009年我国的农业金融相关率

年份	全国金融相关率(FIR)	农产品商品化率/%	农业金融相关率(AFIR)
1995	1.2	59.75	0.72
1996	1.3	60.35	0.78
1997	1.5	56.02	0.84
1998	1.6	53.54	0.86
1999	1.8	54.49	0.98
2000	2.1	60.13	1.26
2001	2.1	59.40	1.25
2002	2.1	60.44	1.27
2003	2.2	72.43	1.59
2004	2.1	64.38	1.35

续表

年份	全国金融相关率(FIR)	农产品商品化率/%	农业金融相关率(AFIR)
2005	2.1	78.18	1.64
2006	2.1	81.20	1.71
2007	2.2	83.67	1.84
2008	2.2	86.12	1.89
2009	2.6	88.76	2.31

数据来源:《中国农业统计年鉴》《中国金融年鉴》。

(三)分析与评价

1.农业金融资产的总需求量测算

利用公式 $M=FG$,根据表 5.3 中所计算的农业金融相关率(AFIR)和《中国农业统计年鉴》公布的我国农林牧渔业生产总值,计算出我国 1995—2009 年的农业发展资金理论需求量见表 5.4。

表 5.4　我国 1995—2009 年的农业发展资金理论需求量计算表

年份	农林牧渔业生产总值/亿元	农业金融相关率(AFIR)	农业金融资产理论值/亿元
1995	20 340.9	0.72	14 645.45
1996	22 353.7	0.78	17 435.89
1997	23 788.4	0.84	19 982.26
1998	24 541.9	0.86	21 106.03
1999	24 519.1	0.98	24 028.72
2000	24 915.8	1.26	31 393.91
2001	26 179.6	1.25	32 724.50
2002	27 390.8	1.27	34 786.32
2003	29 691.8	1.59	47 209.96

续表

年份	农林牧渔业生产总值/亿元	农业金融相关率（AFIR）	农业金融资产理论值/亿元
2004	36 239.0	1.35	48 922.65
2005	39 450.9	1.64	64 699.48
2006	40 810.8	1.71	69 786.47
2007	48 893.0	1.84	89 963.12
2008	58 002.2	1.89	109 624.16
2009	60 361.0	2.31	139 433.91

2.农业发展资金供求缺口的测算

根据表 5.4 所计算的农村金融资产理论值，以及相关年度的《中国统计年鉴》和《中国金融统计年鉴》公布的相关数据，计算出我国农业金融资产实际值和 1995—2009 年的农业金融资产需求缺口等数据见表 5.5。

表 5.5　我国金融资金支持现代农业发展需求缺口计算表

年份	农业金融资产理论值/亿元①	农业金融资产实际值/亿元②	农业金融资产需求缺口/亿元③	农业金融资产需求缺口率/%④=③÷②×100%
1995	14 645.45	5 568.61	9 076.84	163
1996	17 435.89	9 795.44	7 640.45	78
1997	19 982.26	11 353.56	8 628.70	76
1998	21 106.03	12 415.31	8 690.72	70
1999	24 028.72	14 562.86	9 465.86	65
2000	31 393.91	18 576.28	12 817.63	69
2001	32 724.50	21 112.58	11 611.92	55
2002	34 786.32	24 157.17	10 629.15	44
2003	47 209.96	31 684.54	15 525.42	49

续表

年份	农业金融资产理论值/亿元①	农业金融资产实际值/亿元②	农业金融资产需求缺口/亿元③	农业金融资产需求缺口率/%④=③÷②×100%
2004	48 922.65	33 055.84	15 866.81	48
2005	64 699.48	42 287.24	22 412.24	53
2006	69 786.47	47 153.02	22 633.45	48
2007	89 963.12	62 043.53	27 919.59	45
2008	109 624.16	77 200.11	32 424.05	42
2009	139 433.91	98 889.30	40 544.61	41

注:①农业发展理论资金需求量来自表5.4。

②农业金融资产实际值=农村现金流通量+农村各类贷款+农业类股票及债券+农村金融部门净拆入+其他金融资产。相关数据摘自或根据相关年度的《中国统计年鉴》和《中国金融统计年鉴》公布的相关数据分析计算而来。

3.结果分析

从表5.5可以看出,我国农业金融资产供需总量状况的主要特征是供不应求,金融资产实际供给量离理论需求量的缺口较大,其中2009年的金融资产需求缺口额超过4万亿元,缺口率达41%,这一计算值与本书“基于最优化规模视角的农业外部资金投入评价”一节中采用“柯布-道格拉斯生产函数”所计算的“农业外部资金投入的最优化规模应是2009年农业外部资金投入实际规模的1.354倍”的结果基本相同(差5.6个百分点,误差率未超过2%),说明了农业资金投入不足主要是金融支农借贷资金投入不足。因此,应增加金融借贷资金对现代农业发展的支持,金融支农借贷资金投入规模应当是2009年农业外部资金实际投入规模的1.354~1.41倍。

第六章　金融借贷资金支持现代农业发展中相关主体的博弈分析

从上面的实证分析说明，我国现阶段农业现代化转型发展的最有效、最根本的途径是扩大金融支农借贷资金的投入规模。在金融支农借贷资金投入问题上，支农贷款主体、政府、农业生产者之间是一个三方博弈关系。但是，由于政府占绝对主导优势，因此，支农贷款主体一般都会将其博弈的重点放在与借款农业生产者的博弈上，将政府政策和财政涉农资助支出作为其与借款农业生产者博弈和进行借贷投资决策的环境依据或条件，而一般都不会视政府为博弈对象；借款农业生产者一般也会将其博弈的重点放在与支农贷款主体的博弈上，将政府政策和财政涉农资助支出作为其与支农贷款主体博弈和进行借贷决策的环境依据或条件，也一般都不会视政府为博弈对象。这样，支农贷款主体、政府、农业生产者之间是一个三方博弈关系也就可以简化视为“支农贷款主体←→借贷农业生产者”的双方博弈关系；这时，政府政策和财政涉农资助支出也就与农业投资项目所处的自然条件、科技条件等一样，都属于支农贷款主体与借贷农业生产者之间博弈关系的外部条件。同时考虑到三方博弈模型构建的复杂性，本书拟基于支农贷款主体与借贷农业生产者的博弈建立模型，利用经济学和博弈论的相关理论，分析在金融支农借贷资金利率固定和随着对项目投入产出率的预期而变动这两种情况下支农贷款主体与借贷农业生产者的均衡策略，从而进一步分析金融借贷资金支农行为的特征，以及为鼓励金融借贷资金支农行为，政府所应当采取的财政支农政策和鼓励金融借贷资金支农的法规，以及农业生产者意识培养策略等。

一、条件假设与基本模型

(一)博弈条件假设

(1)博弈局中人为一个支农贷款主体和多个规避风险的借款农业生产者。政府的作用:①为农业项目提供财政资助资金(F)和流动性备用资金(A),均不收取利息;财政资助资金(F)投入项目后,至少在项目期内不再收回;流动性备用资金(A)在项目流动性资金不足时投入,在项目流动性资金充足时收回本金。②采取各种措施减少违约,包括给予惩罚、进行意识导向等。

(2)农业投入项目的资金来源于三个方面:①内部资金(C),包括财政资助资金(F)和农业生产者投入的自有资金,其投入项目后无须还本付息。②金融支农借贷资金(B),包括各种贷款主体借给农业生产者投入农业项目的商业借贷资金,它要求按期还本付息,其利率为市场利率 r_c。③在项目遭受金融支农借贷资金提前撤资时,政府为项目补充投资缺口而提供的流动性备用资金(A),无须支付利息;使用流动性备用资金(A)补充投资缺口的机会成本设置为 r_f;r_f 是无风险的市场利率。

(3)农业项目分期重复进行,其所需要的金融借贷资金也重复进行,且每期均全额投入。即:所有支农借贷资金在第一项目开始时一次性全部投入,在第一期项目结束时一次性全部收回;收回后再一次性全部投入到第二期项目(即展期投资,下同),在第二期项目结束时再一次性全部收回;收回后又一次性全部投入到第三期项目,……并假设每期有 λ 比例的支农借贷资金提前撤资,$\lambda \in [0,1]$。此时项目投资缺口需要用政府提供的流动性备用资金(A)来补充。

(4)假设支农借贷资金提前撤资所引起的项目边际损失率为 L,且 $L<1$,提前撤资,不能获得利息;还将受到处罚,边际处罚率为 K,且 $K<1$。

(5)作为博弈双方的共同知识,农业投资项目的产出函数为 $Y=\theta(C+B)$。式中,θ 是项目的预期产出率,并假设其他条件既定,θ 只与自然状态成正相关,且服从均匀分布,$\theta \sim U[0,1]$。

(6)假设农业投资项目所处的自然状态 N 分为基本面较好和基本面较差两种状态,且基本面较差时的投入产出率低于基本面较好时。如果基本面较好的

状态用 G 表示，且 $G \sim U[\theta_G,1]$；基本面较差的状态用 B 表示，且 $B \sim U[\theta_B,1]$）；则有：$N \in \{G,B\}$，且满足 $0<\theta_B<\theta_G$。

（7）假设农业生产者借款的违约概率为 P，则偿还借款的概率为 $1-P$。再假设投资项目的产出结果服从二项分布，则支农借贷资金展期投资的期望收益值和方差分别为：

$$E(x_i) = (1 - P)(1 + r_c)B_i \tag{6.1}$$

$$\sigma^2(x_i) = P(1 - P)(1 + r_c)^2 B_i^2 \tag{6.2}$$

（8）假设单个支农贷款主体的风险规避系数为 b_i，并假设 b_i 是随机变量，且服从均匀分布，$b_i \sim U[\underline{b},1]$，$b_i \geqslant 0$。这时，单个支农贷款主体的效用函数为：

$$U_i = E(x_i) - b_i\sigma^2(x_i) \tag{6.3}$$

（二）博弈基本模型

1.博弈双方的参与约束

根据前述假设，可得支农贷款主体和借款农业生产者的参与约束分别为：

（1）支农贷款主体的参与约束：

$$E(x_i) \geqslant (1 + r_f)B_i \Leftrightarrow 1 + r_c \geqslant \frac{1 + r_f}{1 - P} \tag{6.4}$$

该式表明，支农贷款的期望收益不能低于无风险市场利率。

（2）借款农业生产者的参与约束：

$$\theta(C + B) - L\lambda B + (1 + r_f)(A - \lambda B) \geqslant (1 - \lambda)(1 + r_c)B \tag{6.5}$$

上式左边为农业项目的投资收益，右边为应支付给支农贷款主体展期投资的本利和。

2.双方博弈的盈利矩阵

假设在双方博弈中，支农贷款主体的纯策略为提前撤资和展期投资，并且假设其提前撤资的比例为 λ；借款农业生产者的纯策略为支付借款本息和违约，并且假设其违约的概率为 P。则，博弈双方的盈利矩阵可见表 6.1。

表 6.1　支农贷款主体盈利矩阵

		借款农业生产者	
		支付借款本息 $(1-P)$	违约 (P)
支农贷款主体	提前撤资 (λ)	$(1-K)B_i, \theta(C+B)+(1+r_f)A-(1+L+r_f)B$	$(1-K)B_i, (1+r_f)(A-B)$
	展期投资 $(1-\lambda)$	$(1+r_c)B_i, \theta(C+B)+(1+r_f)A-(1+r_c)B$	$0, (1+r_f)A$

3.支农贷款主体的最优贷款额

将支农贷款资金展期投资的期望收益值和方差式(6.1)、(6.2)代入支农贷款主体的效用函数式(6.3),可得:

$$U_i = (1-P)(1+r_c)B_i - b_iP(1-P)(1+r_c)^2B_i^2 \tag{6.6}$$

F.O.C,可得到 i 支农贷款主体的最优贷款额

$$B_i^* = \frac{1}{2b_iP(1+r_c)} \tag{6.7}$$

由于 $b_i \sim U[\underline{b},1]$ 且 $b_i \geqslant 0$,因此,在区间 $[\underline{b},1]$ 汇总不同风险规避系数支农贷款主体的支农贷款额,可得到最优的支农贷款总量算式为:

$$B^* = \int_{\underline{b}}^{1} B_i^* d_{b_i} = -\frac{\ln \underline{b}}{2P(1+r_c)} > 0 \tag{6.8}$$

由于 B_i^* 是 b_i、P、r_c 的减函数,B^* 是 $\underline{b}$、P、r_c 的减函数,说明支农贷款主体投资农业的意愿是随着其风险规避系数的增大、支农贷款利率的提高和借款农业生产者违约率的提高而降低的。

二、博弈行为分析

支农借贷资金投入到农业生产后,要求到期收回本金并获得利息。其利率通常有两种:一是各期的利率固定不变,即固定利率;二是根据对投资项目预期收益所评估的风险来确定下期的利率,即变动利率。以下将就两种情况分别分析金融借贷资金支农博弈行为。

(一)固定利率时的金融借贷资金支农博弈行为

1.借款农业生产者的违约概率

根据博弈盈利矩阵,可得支农贷款主体 i 的预期收益为:

$$U_i(\sigma_1,\sigma_2) = \lambda B_i[1 - K - (1 - P)(1 + r_c)] + B_i(1 - P)(1 + r_c) \tag{6.9}$$

F.O.C,可得$\dfrac{dU_i(\sigma_1,\sigma_2)}{d\lambda}=0$,

可进一步推导出在均衡条件下借款农业生产者的最优违约概率为

$$P^* = \frac{K + r_c}{1 + r_c} \tag{6.10}$$

根据式(6.10),可以分析得出以下结论:$K\leqslant 1$,故:

(1)因支农贷款的有限责任性质,其最大损失为 C_i,即 $P\in(0,1]$。

(2) 如果借款农业生产者的违约概率 $P<P^*$,所有支农借贷资金都将展期到下一期,此时支农借贷资金的提前撤资比例为 0,即 $\lambda^*=0$;如果借款农业生产者的违约概率 $P>P^*$,所有支农借贷资金都会提前撤资,即 $\lambda^*=1$。

进一步进行比较表态分析,有:

(1)$\dfrac{\partial P^*}{\partial K}=\dfrac{1}{1+r_c}>0$,说明了借款农业生产者的违约概率是支农借贷资金提前撤资所受边际处罚的增函数,即:对支农借贷资金提前撤资的处罚越大,借款农业生产者就越有可能违约。

(2)$\dfrac{\partial P^*}{\partial r_c}=\dfrac{1-K}{(1+r_c)^2}>0$,说明了借款农业生产者的违约概率是借款市场利率的增函数,即:支农贷款的市场利率越高,借款农业生产者就越有可能违约。

2.支农借贷资金提前撤资比率

根据博弈盈利矩阵,可得借款农业生产者的预期收益为:

$$U_i(\sigma_1,\sigma_2) = (1 - P)[\theta(C + B) - B(1 + r_c) - \lambda B(L - 1 - r_c)] + (1 + r_A)(A - \lambda B) \tag{6.11}$$

F.O.C,可得$\frac{\partial U(\sigma_1,\sigma_2)}{\partial P}=0$,

可进一步推导出在均衡条件下支农借贷资金的最优提前撤资比率为

$$\lambda^* = \frac{\theta(C+B) - B(1+r_c)}{B(L-1-r_c)} \tag{6.12}$$

进一步进行比较表态分析,有:

(1)$\frac{\partial \lambda^*}{\partial \theta}=\frac{(C+B)}{B(L-1-r_c)}<0$,说明了支农借贷资金提前撤资比率是所投资农业项目投入产出率的减函数,即:所投资农业项目的投入产出率越高,从项目收益的角度看,支农贷款主体收回支农贷款本息就越有保障,因此支农借贷资金就越不会提前撤资。

(2)$\frac{\partial \lambda^*}{\partial C}=\frac{\theta}{B(L-1-r_c)}<0$,说明了支农借贷资金提前撤资比率是所投资农业项目内部资金(自有资金)量的减函数,即:所投资农业项目的内部资金(自有资金)量占全部资金量的比重越大,从项目资产负债比的角度看,支农贷款主体收回支农贷款本息就越有保障,支农借贷资金就越不会提前撤资。

(3)$\frac{\partial \lambda^*}{\partial B}=\frac{\theta C}{(1+r_c-L)B^2}>0$,说明了支农借贷资金提前撤资比率是所投资农业项目外部资金(借入资金)量的增函数,即:所投资农业项目的外部资金(借入资金)量占全部资金量的比重越大,从项目资产负债比的角度看,支农贷款主体收回支农贷款本息的风险就越大,因此支农借贷资金就越有可能提前撤资。

(4)$\frac{\partial \lambda^*}{\partial L}=\frac{\theta(C+B)-B(1+r_c)}{(L-1-r_c)^2 B}<0$,说明了支农借贷资金提前撤资比率是提前撤资所可能引起的项目边际损失的减函数,即:提前撤资所可能引起的项目边际损失越大,支农借贷资金就越不会提前撤资。

(5)对式(6.12)的均衡条件下支农借贷资金的最优提前撤资比率$\lambda^* \in (0,1)$的条件进行分析,可得以下结论或性质:

$\lambda^*>0$,说明$\theta(C+B)-B(1+r_c)$与$B(L-1-r_c)$的符号相同。根据已经设定的假设条件$L<1$,可知$B(L-1-r_c)$肯定为负数,因此,$\theta(C+B)-B(1+r_c)$也必定为负数,即:

$$\theta(C+B)-B(1+r_c)<0 \Rightarrow B>\frac{\theta B}{1+r_c-\theta} \Rightarrow \theta<\theta_{max} \equiv \frac{B(1+r_c)}{C+B}$$

该式说明,唯有在项目的投入产出率大于或等于 θ_{max} 时有角点解 $\lambda^*=0$。

$\lambda^*<1$,说明 $\theta(C+B)-B(1+r_c)$ 与 $B(L-1-r_c)$,在 $L>\theta$ 时,

$B<\frac{\theta B}{L-\theta} \Rightarrow \theta>\theta_{min} \equiv \frac{BL}{C+B}$,该式说明,唯有在项目的投入产出率小于或等于 θ_{min} 时有角点解 $\lambda^*=1$。

$$\lambda^* \in (0,1) \Leftrightarrow \theta \in \left[\theta_{min}=\frac{BL}{C+B},\theta_{max}=\frac{B(1+r_c)}{C+B}\right] \tag{6.13}$$

前述三项分析说明,支农借贷资金提前撤资与项目的投入产出率高度相关:当项目的投入产出率低于或等于临界值 $\theta_{min}=\frac{BL}{C+B}$ 时,支农借贷资金将会选择提前撤资;当项目的投入产出率超过或等于临界值 $\theta_{max}=\frac{B(1+r_c)}{C+B}$ 时,支农借贷资金将会选择展期投资;当项目的投入产出率在 $\left[\theta_{min}=\frac{BL}{C+B},\theta_{max}=\frac{B(1+r_c)}{C+B}\right]$ 的范围之内时,将有 λ^* 的比例支农借贷资金会选择提前撤资。

3.均衡条件下的最优支农贷款总量

将式(6.10)“$P^*=\frac{K+r_c}{1+r_c}$”代入式(6.8)“$B^*=-\frac{\ln \underline{b}}{2P(1+r_c)}>0$”,可得均衡条件下的最优支农贷款总量算式为

$$B^*=-\frac{\ln \underline{b}}{2(K+r_c)}>0 \tag{6.14}$$

该式说明:

(1)在支农贷款主体风险规避系数的最低边界 $\underline{b}(\underline{b}<1)$ 范围内,均衡条件下的最优支农贷款总量 B^* 是支农贷款主体风险规避系数的减函数,即:支农贷款主体的风险规避系数越大,均衡支农贷款总量就越少。

(2)均衡支农贷款总量 B^* 是支农借贷资金提前撤资所受边际处罚 K 的减函数,即:对支农借贷资金提前撤资的处罚越重,均衡支农贷款总量就会

越少。

(3)均衡支农贷款总量 B^* 是支农贷款利率 r_c 的减函数,即:支农贷款利率越高,均衡支农贷款总量就会越少。

(二)变动利率时的金融借贷资金支农博弈行为

变动利率根据对投资项目预期收益所评估的风险来确定下期的利率。

1.利率的确定——基于先验概率的贝叶斯修正

当采用变动利率时,支农贷款利率一般等于无风险市场利率 r_f 加上风险收益率。假设风险收益率是支农借贷资金所投入项目预期投入产出率的可变函数,并假设影响项目投入产出率其他条件均处于最佳状态,项目的投入产出率只受项目所处自然状态的影响,即风险收益率的上限为:$\frac{1-\theta_N}{\theta_N}=\frac{1}{\theta_N}-1$,因此,支农贷款利率 $r_c(\theta)\in\left[r_f,r_f+\frac{1}{\theta_N}-1\right]$。也就是说,支农贷款利率的确定依赖于所投资的农业项目所处的自然状态:当项目所处的自然状态较差时,预期项目的投入产出率就低,支农贷款就要求有较高的利率以补偿其风险成本;当项目所处的自然状态较好时,预期项目的投入产出率就高,因为风险低,支农贷款所要求的利率也就较低。

前文已有假设:项目所处的自然状态 N 分为基本面较好和基本面较差两种状态,即:$N\in\{G,B\}$,$G\sim U[\theta_G,1]$,$B\sim U[\theta_B,1]$,$0<\theta_B<\theta_G$。作为共同知识,两种状态下的投入产出率的条件期望和条件方差为:

$$E(\theta|G)=\frac{1+\theta_G}{2},E(\theta|B)=\frac{1+\theta_B}{2};E(\theta|G)>E(\theta|B) \qquad (6.15)$$

$$\sigma^2(\theta|G)=\frac{(1-\theta_G)^2}{12},\sigma^2(\theta|B)=\frac{(1-\theta_B)^2}{12};\sigma^2(\theta|G)<\sigma^2(\theta|B) \qquad (6.16)$$

上述两个算式表示:投入产出率在自然状态较好时高于自然状态较差时,且其波动在自然状态较好时小于自然状态较差时,因此,自然状态较好时的投入产出率严格占优于自然状态较差时的投入产出率。

假设在 $t=0$ 期,预期自然状态的先验概率为 $P_0(G)$ 和 $P_0(B)$,根据贝叶斯法则,有:

$$P_1(G \mid r_c) = \frac{P_1(r_c \mid G)P_0(G)}{P_1(r_c \mid G)P_0(G) + P_1(r_c \mid B)P_0(B)} \tag{6.17}$$

$$P_1(B \mid r_c) = \frac{P_1(r_c \mid B)P_0(B)}{P_1(r_c \mid G)P_0(G) + P_1(r_c \mid B)P_0(B)} \tag{6.18}$$

根据 $r_c(\theta) \in \left[r_f, r_f+\frac{1}{\theta_N}-1\right]$,可得在 $N \in \{G,B\}$ 的条件下,r_c 的条件概率是:

$$P_1(r_c \mid N) = \int_{\theta_N}^{\frac{1}{1+r_c-r_f}} \frac{1}{1-\theta_N}\mathrm{d}\theta \tag{6.19}$$

$$P_1(r_c \mid G) = \frac{1-(1+r_c-r_f)\theta_G}{(1+r_c-r_f)(1-\theta_G)} \tag{6.20}$$

$$P_1(r_c \mid B) = \frac{1-(1+r_c-r_f)\theta_B}{(1+r_c-r_f)(1-\theta_B)} \tag{6.21}$$

根据式(6.17)—式(6.21),可得支农借贷资金的利率为 r_c 时两种自然状态的后验概率分别为:

$$P_1(G \mid r_c) = \frac{[1-(1+r_c-r_f)\theta_G]P_0(G)(1-\theta_B)}{\sum_{N=G,B}[1-(1+r_c-r_f)\theta_N]P_0(S)(1-\theta_N)} \tag{6.22}$$

$$P_1(B \mid r_c) = \frac{[1-(1+r_c-r_f)\theta_B]P_0(B)(1-\theta_G)}{\sum_{N=G,B}[1-(1+r_c-r_f)\theta_N]P_0(S)(1-\theta_N)} \tag{6.23}$$

并满足:$\frac{\partial P(G|r_c)}{\partial\theta}>0, \frac{\partial P(B|r_c)}{\partial\theta}<0$。

根据式(6.15),可得在 $t=0$ 期,项目的投入产出率期望值为:

$$\hat{\theta}_0 = E_0(\theta) = P_0(G)\left(\frac{1+\theta_G}{2}\right) + P_0(B)\left(\frac{1+\theta_B}{2}\right) \tag{6.24}$$

在 $t=1$ 期,项目的投入产出率期望值为:

$$\hat{\theta}_1 = E_1(\theta \mid r_c) = P_1(G \mid r_c)\left(\frac{1+\theta_G}{2}\right) + P_0(B \mid r_c)\left(\frac{1+\theta_B}{2}\right) \tag{6.25}$$

在 $t=1$ 期,由于借贷博弈双方是根据贝叶斯修正后计算的项目投入产出率期望值 $\hat{\theta}_1$ 来决定其最优策略,因此,支农贷款利率的函数可表示为:

$$r_c(\theta) = r_f + \frac{1-\hat{\theta}_1}{\hat{\theta}_1} \tag{6.26}$$

2.借款农业生产者的违约概率

将式(6.26)“$r_c(\theta)=r_f+\frac{1-\hat{\theta}_1}{\hat{\theta}_1}$”式代入式(6.10)“$P^*=\frac{K+r_c}{1+r_c}$”,可推导出在利率随自然状态而变动的条件下,借款农业生产者的均衡最优违约概率为:

$$P^* = \frac{1+\hat{\theta}_1(K+r_f-1)}{1+\hat{\theta}_1 r_f} \tag{6.27}$$

进一步进行比较表态分析,有:

(1)$\frac{\partial P^*}{\partial \hat{\theta}_1}=\frac{K-1}{(1+\hat{\theta}_1 r_f)^2}<0$,说明了借款农业生产者的违约概率是项目投入产出率的减函数,即:项目投入产出率越高,借款农业生产者就越不会违约。

(2)$\frac{\partial P^*}{\partial r_f}=\frac{(1-K)\hat{\theta}_1}{(1+\hat{\theta}_1 r_f)^2}>0$,说明了借款农业生产者的违约概率是无风险市场利率的增函数,即:无风险市场利率越高,借款农业生产者就越有可能违约。

(3)$\frac{\partial P^*}{\partial K}=\frac{\hat{\theta}_1}{(1+\hat{\theta}_1 r_f)}>0$,说明了借款农业生产者的违约概率是支农借贷资金提前撤资所受边际处罚的增函数,即:对支农借贷资金提前撤资的处罚越大,借款农业生产者就越有可能违约。

3.支农借贷资金提前撤资比率

将式(6.26)“$r_c(\theta)=r_f+\frac{1-\hat{\theta}_1}{\hat{\theta}_1}$”代入式(6.12)“$\lambda^*=\frac{\theta(C+B)-B(1+r_c)}{B(L-1-r_c)}$”,可得到在支农贷款利率随对项目投入产出率的预期而变动的条件下,最优支农借贷资金提前撤资比率为:

$$\lambda^* = \frac{\hat{\theta}_1(C+B)-(1+\hat{\theta}_1 r_f)B}{[(L-r_f)\hat{\theta}_1-1]B} \tag{6.28}$$

进一步进行比较表态分析，有：

(1)因 $L<1$，所以 $\frac{\partial\lambda^*}{\partial\hat{\theta}_1}=\frac{\hat{\theta}_1(C+B)[\hat{\theta}_1(L-r_f)-2]+LB}{B[(L-r_f)\hat{\theta}_1-1]^2}<0$，说明了支农借贷资金提前撤资比率是所投资农业项目投入产出率的减函数，即：所投资农业项目的投入产出率越高，从项目收益的角度看，支农贷款主体收回支农贷款本息就越有保障，因此支农借贷资金就越不会提前撤资。

(2) $\frac{\partial\lambda^*}{\partial C}=\frac{\hat{\theta}_1^2}{B[(L-r_f)\hat{\theta}_1-1]}<0$，说明了支农借贷资金提前撤资比率是所投资农业项目内部资金(自有资金)量的减函数，即：所投资农业项目的内部资金(自有资金)量占全部资金量的比重越大，从项目资产负债比的角度看，支农贷款主体收回支农贷款本息就越有保障，因此支农借贷资金就越不会提前撤资。

(3) $\frac{\partial\lambda^*}{\partial B}=\frac{\hat{\theta}_1 C}{[1-(L-r_f)\hat{\theta}_1]B_2}>0$，说明了支农借贷资金提前撤资比率是所投资农业项目外部资金(借入资金)量的增函数，即：所投资农业项目的外部资金(借入资金)量占全部资金量的比重越大，从项目资产负债比的角度看，支农贷款主体收回支农贷款风险就越大，因此支农借贷资金就越有可能提前撤资。

(4) $\frac{\partial\lambda^*}{\partial L}=\frac{-\hat{\theta}_1^3(C+B)+\hat{\theta}_1 B(1+r_f\hat{\theta}_1)}{[(L-r_f)\hat{\theta}_1-1]^2 B}$，当 $\frac{C}{B}<\frac{1+r_f\hat{\theta}_1}{\hat{\theta}_1^2}-1$ 时，$\frac{\partial\lambda^*}{\partial L}>0$；当 $\frac{C}{B}>\frac{1+r_f\hat{\theta}_1}{\hat{\theta}_1^2}-1$ 时，$\frac{\partial\lambda^*}{\partial L}<0$，表明项目自有资金(内部资金)能够缓冲流动性风险。

因此，$\frac{C}{B}=\frac{1+r_f\hat{\theta}_1}{\hat{\theta}_1^2}-1$ 是项目自有资金(内部资金)与借入资金(外部资金)比例关系的最低临界值：在最低临界值之上，支农借贷资金提前撤资比率是提前撤资所导致的项目边际损失的减函数，即：提前撤资所可能引起的项目边际损失越大，支农借贷资金就越不会提前撤资。

(5)由 $\lambda^*\in(0,1)\Leftrightarrow\theta\in\left(\theta_{\min}=\frac{BL}{C+B},\theta_{\max}=\frac{B(1+r_c)}{C+B}\right)$ 和 $r_c(\theta)\in\left[r_f,r_f+\frac{1}{\theta_N}-1\right]$

可得：

$$\lambda^*\in(0,1)\Leftrightarrow\theta\in\left(\theta_{\min}=\frac{BL}{C+B},\theta_{\max}=\frac{B(1+\theta r_f)}{(C+B)\theta}\right)\tag{6.29}$$

进一步分析,有:

(1) 当 $\theta \geqslant \theta_{\max}=\frac{B(1+\theta r_{\mathrm{f}})}{(C+B)\theta}) \Leftrightarrow (C+B)\theta^2-B-\theta r_{\mathrm{f}}B \geqslant 0$ 时,$\lambda^*=0$。即:当项目的投入产出率预期不会低于最大临界值 $\theta_{\max}=\frac{B(1+\theta r_{\mathrm{f}})}{(C+B)\theta}$ 的水平时,支农借贷资金都会选择展期投资,不会提前撤资。

(2)当 $\theta \leqslant \theta_{\min}=\frac{BL}{C+B}$ 时,$\lambda^*=1$。即:当项目的投入产出率预期达不到最小临界值 $\theta_{\min}=\frac{BL}{C+B}$ 的水平时,支农借贷资金都会选择提前撤资。

4.**均衡条件下的最优支农贷款总量**

将式(6.26)"$r_{\mathrm{c}}(\theta)=r_{\mathrm{f}}+\frac{1-\hat{\theta}_1}{\hat{\theta}_1}$"代入式(6.14)"$B^*=-\frac{\ln \underline{b}}{2(K+r_{\mathrm{c}})}$",可得支农贷款利率随对项目投入产出率的预期而变动条件下的均衡最优支农贷款总量算式为:

$$B^*=-\frac{\hat{\theta}_1 \ln \underline{b}}{2[\hat{\theta}_1(K+r_{\mathrm{f}})+(1-\hat{\theta}_1)]} \tag{6.30}$$

该式说明:

(1)在支农贷款主体风险规避系数的最低边界 $\underline{b}$($\underline{b}<1$)范围内,均衡条件下的最优支农贷款总量 B^* 是支农贷款主体风险规避系数的减函数,即:支农贷款主体的风险规避系数越大,均衡支农贷款总量就越少。

(2)均衡支农贷款总量 B^* 是支农借贷资金提前撤资所受边际处罚 K 的减函数,即:对支农借贷资金提前撤资的处罚越重,均衡支农贷款总量就会越少。

(3)均衡支农贷款总量 B^* 是无风险市场利率 r_{f} 的减函数,即:无风险市场利率越高,均衡支农贷款总量就会越少。

(4)$\frac{\partial C^*}{\partial \theta}=\frac{\ln \underline{b}}{2[\hat{\theta}_1(K+r_{\mathrm{f}})+(1-\hat{\theta}_1)]^2}>0$,均衡支农贷款总量是所投资项目预期投入产出率的增函数,即:项目预期投入产出率越高,均衡支农贷款总量就会越大。

三、分析结论

(1)均衡支农贷款总量受以下因素的影响:支农贷款主体的风险规避系数越小、市场利率越低、所投资项目的预期投入产出率越高、借款农业生产者违约的概率越小、支农借贷资金提前撤资所受到的边际处罚越小,均衡支农贷款总量就越大。均衡支农贷款总量与项目的内部资金(自有资金)量的大小、支农借贷资金提前撤资可能引起的项目边际损失无关。

(2)支农借贷资金提前撤资比率受以下因素的影响:所投资农业项目的预期投入产出率越低、借款农业生产者违约的概率越大、内部资金(自有资金)与外部资金(借入资金)的比例越小、支农借贷资金提前撤资可能引起的项目边际损失越小,支农借贷资金提前撤资的可能性就越大。支农借贷资金提前撤资比率与支农贷款主体的风险规避系数、市场利率、提前撤资所受的边际处罚等均不直接相关。

(3)借款农业生产者的均衡违约概率受以下因素的影响:所投资项目的自然状态越好、市场利率越低、支农借贷资金提前撤资所受边际处罚越小,借款农业生产者的均衡违约概率就越小。借款农业生产者的均衡违约概率与支农借贷资金提前撤资可能引起项目边际损失的大小、支农贷款主体的风险规避系数、自有资金(内部资金)与借入资金(外部资金)的比例大小等均无关。

第七章　国外金融借贷资金支持农业发展的经验与启示

一、国外金融借贷资金支持农业发展的特点和经验

(一)发达国家金融借贷资金支持农业发展的特点和经验

不同发达国家由于禀赋不同,其农业金融支持体系和模式也各有其特色。

1.美国金融借贷资金支持农业发展的模式和主要经验

美国的现代农业高度发达,它具有完善的农村金融体系。

20 世纪初期,美国的农业信贷资金几乎来源于个人和私营机构,且数量有限,期限较短。美国自 1916 年起逐步构建了较为完备成熟的、多层次、全方位的农村金融体系。现在这一体系由政府主导的农村政策性金融体系、农村合作金融体系、农村商业性金融体系、农业保险体系组成。

美国农村政策性金融机构体系由政府农业信贷机构和互助合作性质的农业信贷机构体系构成。美国政府农业信贷机构包括 4 个机构:农民家计局、小企业管理局、商品信贷公司、农村电气代管理局。全美 12 个农业信贷区组成了美国互助合作性质的农业信贷机构体系,在每个信贷区设立一个联邦土地银行、联邦中期信贷银行和合作社银行。它们以促进农业发展和改善农民生活为目的,分工协作、职责明确,其资金主要来源于政府,主要是为农业生产及其相

关活动提供信贷服务,提供一些其他金融机构不愿意提供的贷款,贯彻实施农村金融政策。

农村合作金融机构主要解决农民中短期贷款难的问题。农村商业性金融机构是指商业银行和私人信贷机构等。其中商业银行在农村的服务主要是提供农村消费信贷。

总之,美国的农村金融体系是一种复合型的体系:在组织构成上,政策性金融机构、合作性金融机构和商业性金融机构共存;在机构性质上,专业的农村金融机构与其他类型的金融机构共存;在业务或产品提供方面,各种针对农业生产、农村发展和农民生活的金融服务或产品种类丰富。在这一复合型农村金融体系的构建和运行中,美国充分发挥了政府有形之手和市场无形之手的作用,在充分遵循和利用市场经济规律的同时,通过出资设立政策性农村金融机构等大量的行政干预措施来积极发展农村金融体系。

2.日本和韩国金融借贷资金支持农业发展的模式和主要经验

日本和韩国的农业资源和农村金融体系有许多的相似之处。

(1)日本农村金融体系的概况

日本农村金融体系包括政策性金融机构、合作性金融机构和农业保险机构三大部分,其中农村信贷金融体系是由政策金融依托合作金融的合作依托体系构成。

日本支持农业发展的唯一的政策性金融机构是日本农林渔业金融公库,主要业务是:当从事农林渔业生产、加工、流通的个人和企业难以向农林中央金库和其他金融机构借款时,为其提供利率较低、期限较长(10~45年不等)的借款,贷款资金用于基础设施、国内大型农产品批发市场及交易市场设施、农业现代化投资和农业改良投资等。但是,农林渔业金融公库一般付费委托农协系统代办贷款业务,而不是直接办理。

农协系统是日本支持农业发展的主要合作金融组织,它是由农业协同组合、信用农业协同组合联合会(信农联)和农林中央金库自下而上组成。市町村一级的农业协同组合是不以营利为目的,直接为农户办理存贷款业务,并兼营保险、供销等其他业务。都道府县一级的信用农业协同组合联合会(信农联)的主要业务是帮助基层农协进行资金管理,并组织全县范围内的农业资金的结算、调剂和运用。中央一级的农林中央金库的主要业务包括:在全国范围内融通、结算、调剂系统内资金、指导信农联的工作、代理农林渔业金库的委托发放贷款等业务。

(2)韩国农村金融体系的概况

在政府的推动下,1961 年韩国成立了农业协同组合中央会,这是由原农业协同组合与农业银行合并而成的。农业协同组合中央会在市(县)一级设派出机构,按经济区设置基层农协。1977 年,韩国政府又将邮政储蓄体系纳入了农协。

作为韩国支持农业发展的主要金融机构,农业协同组合中央会的宗旨是为农业的发展提供资金与支持,是韩国农村金融业的主体。

农业协同组合中央会的资金来源主要有:①吸收公众存款;②发行债券;③向政府和中央银行借入利率优惠的贷款,向其他金融机构甚至向外国贷款。

农协的信贷部门运用农业协同组合中央会的资金向农民社员提供低息贷款,为其他农业项目或与农业相关的项目提供融资服务。

(3)日本和韩国金融借贷资金支持农业发展的主要经验

日本和韩国的农村信贷体系都是独立的、高度统一的、系统化的自治体系——农协组织。内含农村金融机构的农协的发展,为农业生产提供了充足的资金和适当的农村金融产品,使广大农业生产者普遍能享受金融服务,从而有能力去接受和消化农业新产品、新技术、新成果,促进了农业的发展。

3.德国金融借贷资金支持农业发展的模式和主要经验

德国是创立农业金融制度最早的国家,也是世界上最早建立信用合作组织的国家,其目前已经建立了政策性金融机构与信用合作体系互补的支农金融体系。

德国设立了包括农业中央银行、农村地产抵押银行、土地信用银行、地租银行、土地抵押信用协会等在内的一系列的政策性金融机构来支持农业的发展。这些政策性金融机构承担政府责任,不以营利为目的,提供贷款给农民去购买土地或进行水利建设,其利率一般都比较低,有力地促进了德国农业的发展。

其中以德国农村地产抵押银行实施的区域结构调整特别信贷项目、村镇整治特别信贷项目、青年农民特别信贷项目和种养业特别信贷项目最为重要。

德国的信用合作体系以合作银行为主要表现形式，其组织结构呈金字塔式，自上而下分3个层次，最高层次的是德意志中央合作银行，中间层次的是地区性合作银行，最底层次的是基层合作银行。这3个层次的机构均是独立的法人，相互之间是一种利用经济杠杆调节的合作关系。由农民、农村个体私营企业、合作社企业和其他中小企业入股组成的基层合作银行，直接从事信用合作服务。其所有者既是股东，也是服务对象。基层合作银行的经营方针和重大决策均采用一人一票的表决方式作出。由基层合作银行入股组成的地区性合作银行，为基层合作银行提供资金支持和结算与其他服务。作为全国金融组织的中央协调机关的中央合作银行主要由地区合作银行入股组成，它没有行业管理职能，为地区合作银行提供各种金融服务。可见，德国的各合作银行有健全的民主管理组织和严格的管理制度，坚持合作制的原则和为社员服务的宗旨，决策民主科学。

4.法国金融借贷资金支持农业发展的模式和主要经验

作为欧洲的农业大国，法国是建立农村金融体系比较早的国家之一。法国农业信贷银行、互助信贷联合银行、大众银行、法国土地信贷银行和农业保险组成了法国的农村信贷金融体系。这些农村金融机构都是在政府的控制下建立并运行的，是典型的国家控制型金融模式，这与美国的政府主导型农村信贷金融模式完全不同。

“上官下民，官办为主”是法国农村政策性金融的最大特点。作为法国政策性农村金融机构的农业信贷银行是法国农村信贷金融体系的主体。它是半官方性质的专业银行，也是世界上第一家具备现代银行特征的农业政策性银行。其组织结构呈金字塔式，上层是国家农业信贷金库，中间是每省1个的区域金库，底层是3 000多个地方金库。国家农业信贷金库是官方机构，受农业部和财政经济部的双重领导。农业信贷地方金库是1885年法国农民为解决短期资金周转问题而建立的农业互助信贷组织。

(二)发展中国家金融借贷资金支持农业发展的特点和经验

发展中国家的支农金融模式和体系的发展经验,对于同属于发展中国家、正处于现代农业转型发展初期的我国,更具有借鉴意义。

1.印度金融借贷资金支持农业发展的模式和主要经验

印度是较典型的农业大国,20 世纪 60 年代以前,主要由合作金融机构提供印度农村信贷资金,其资金来源主要是民间金融(私人借贷)资本,这些资金不能满足农户的需要。1969—1980 年,国有银行由印度政府直接控制,并在农村设立了大量分支机构,还设立了土地发展银行和地区农村银行。此外,印度颁布了一系列法令,调整了银行监管体系,规定银行对优先部门的贷款比例,以保证农户信贷资金的供给充足。

发展到今日,印度农村金融体系由负责监管和协调的印度储备银行、各种国有和私人的商业银行、地区农村银行、合作银行(或合作社)、国家农业和农村开发银行等农村银行业金融机构和农业保险业金融机构组成,其特点是各金融机构之间分工明确,相互合作,金融机构和业务具有多层次性。

在印度的农村金融体系中,支农力度最大的当属国有大型商业银行,它是印度农村金融的主渠道。例如,2006 年印度国有大型商业银行的农业贷款占其贷款总额的 40%,有 62%以上的分支机构在农村地区。它不仅向农民提供直接贷款,还向有关农业机构提供间接贷款。

印度的农村(农业)合作性信贷机构包括只为社员提供中、短期贷款的信贷合作社和专门提供长期贷款的土地开发合作银行,主要业务是为农民提供农业设备采购、农业生产、农产品销售等方面的融资服务。

作为印度的政策性金融机构的印度国家农业和农村开发银行,于 1982 年由印度政府和印度储备银行共同出资组建。主要业务是:①提供支农信贷资金,即为地区农村银行、农村(农业)信用合作机构等提供再融资服务;②对地区农村银行和农村合作银行履行监管职能。通过为地区农村银行、农村(农业)信用合作机构,以及从事农村信贷工作的商业银行提供再融资服务的方式,也有力地促进了支农金融事业的发展,进而有力地促进了农业和农村的发展。

2.孟加拉国金融借贷资金支持农业发展的模式和主要经验

孟加拉国农村金融机构包括国有银行及金融发展机构、格莱明银行(GB)和各种农村微型金融非政府组织(MFO,简称“农村微型金融组织”)。前者属于正规金融机构,后者属于非正规金融机构,专为农村的穷人或低收入人群提供金融帮助,其服务属于“微型金融”,但贷款覆盖率比正规金融宽得多。2006年世界银行的调查表明,格莱明银行和农村微型金融组织的金融服务覆盖了约25%的孟加拉国农村家庭,而正规金融只有5%的覆盖率。

格莱明银行和农村微型金融组织均采用小组贷款的方式提供小额贷款产品。小组贷款即由收入来源相同,或者具有相同地域、相同语言文化等共同特征的成员组成小组共同借贷,贷款直接发放给小组成员,但由整个小组承担还款义务,今后的信贷额度根据各组的信贷记录决定。因此,小组贷款一般不要求有抵押物,而是利用小组成员之间的相互约束和监督作为还款保证。农村微型金融组织的贷款利率较高,要求至少扣除通胀率后的实际利率为正。但是格莱明银行的贷款利率较低,因此必须靠接受补贴和捐助才能维持正常运营。除提供小额贷款外,格莱明银行和农村微型金融组织都还提供各种保险服务、培训等提高借款人还款能力的业务,农村微型金融组织还提供存款服务。

3.泰国金融借贷资金支持农业发展的模式和主要经验

1966年以前,泰国政府曾经要求每个商业银行向农业部门的贷款至少达到其总贷款的5%,试图利用已有的商业银行系统来解决农村金融问题,但未能成功。1966年,泰国政府成立了由财政部领导的农业与农村合作组织银行,专门向农户提供贷款,直接体现政府的支农政策。

目前,农业与农村合作组织银行以个体农民为主、同时也为涉农企业和农村团体提供金融服务,其贷款以中、小额贷款为主。农业与农村合作组织银行的服务面目前覆盖了泰国90%以上的农户,其贷款金额占到了全部农业信贷总额的50%以上。

农业与农村合作组织银行成功的最主要经验被认为是:第一,财政部对农业与农村合作组织银行的领导是帮助性和指导性的服务,而不是行政干涉;第二，为防止风险传递，农业与农村合作组织银行在自有项目和政府项目之间设立了一道防火墙。

二、国外金融借贷资金支持农业发展案例的主要启示

从上述世界发达国家和发展中国家金融借贷资金支持农业和农村发展的成功案例，可以获得以下经验借鉴和启示：

(一)多元化的农村金融体系是金融借贷资金支持农业发展的基础

从上述案例可以看出，尽管各国的做法不同，但都基于自己特有的国情，因地制宜地设计和建立了比较完善的农村金融体系以支持农业和农村的发展。各国的农村金融体系大都是多元化的，正规金融机构与非正规金融机构、政府的金融机构与民间的合作性金融机构互为补充、互相促进，满足不同层次的农业发展需要，促进农业迅速发展。

虽然各国的多元化农村金融体系不尽相同，但都安排有政策性金融和合作金融。因为农业具有弱质性，需要政策性金融来发挥示范和补充作用。例如，日本就建立了强有力的支农金融财政投资供给制度，通过设立农林渔业金融公库，有效地调动了商业银行资本、农协资金以及农民私人资本积极投入到农业，并起到了调控农业投资方向、贯彻农业产业政策、鼓励农业规模化发展等作用；又如美国的国家信贷系统充分发挥其政策性投融资功能，重点为那些难以从商业银行获得资金的中小农场提供中长期借款；等等。合作金融具有其他金融体系所不能具备的灵活性和群众基础，以及民主管理、低成本运作的优势，其金融产品特别适合于广大农户。因此，各个国家都在不同程度上发展农村合作金融机构，并使其优越性在农村金融体系中得到充分体现。例如，日本通过政府财政资金的支持，鼓励农协系统将政府的惠农信贷政策通过信贷杠杆反馈到农村经济领域；德国作为世界上最早建立农业金融制度的国家，以合作银行为主要表现形式的农村信用合作体系就一直是农村信贷的最大供给者；在美国，商业金融和个人信贷在农业信贷中的地位逐渐被互助合作性质的合作社银行、联邦中期信贷银行和联邦土地银行所取代；孟加拉国的格莱明银行和农村微型金融组织则更是在促进孟加拉国农业和农村发展中发挥了正规金融所无法匹敌的作用。

(二)政府的多方位支持是金融借贷资金支持农业发展的支撑

由于农业的弱质性,决定了农业吸引金融资金的能力较弱,因此政府应当从多方面给予支持,鼓励各种金融资本积极投入农业中。各国政府一般都运用了一系列的农村金融发展扶持政策。首先,农村金融的建立和运行离不开政府的支持。各国农村政策性金融机构一般都由政府直接投资设立,如美国政府拨款创建的合作社银行、联邦中期信用银行和联邦土地银行,日本由财政投资创建了农林渔业金融公库。其次,各国政府一般都通过政策性金融机构直接提供信贷资金,如德国设立的一系列政策性金融机构所发放的支农贷款、泰国政府通过农业与农村合作组织银行发放政策性贷款等。最后,各国政府一般还向除政策性金融机构以外的其他金融机构提供补贴、税收优惠等优惠政策。

(三)完备的立法体系是金融借贷资金支持农业发展的依据

市场经济是法治经济,所有经济活动都需要法律的规范和保护。农业的弱质性特征与信贷资金的趋利本性所背离,因此金融支持现代农业发展更需要法律的手段来贯彻政府的扶持政策、保障各方的利益。

发达国家一般都有比较完善的法律来鼓励和规范农村金融的发展和农村金融支持农业发展的准则与要求,很多发展中国家也有相对较为完善的金融支农立法。例如,日本根据 1945 年的《农林渔业金融公库法》成立了农林渔业金融公库,美国根据《1916 年联邦农业信贷法》和《1923 年中间信贷法》成立了农业信贷组织机构。又如,法国早在 19 世纪就颁布了《土地银行法》,规定凡符合政府要求和国家发展规划的农业项目,都可以获得利率仅为普通贷款利率的 50%的优惠贷款,优惠贷款利息低于普通贷款利息的差额由政府承担。

第八章　研究结论与政策建议

一、基本研究结论

现代农业是产业化、市场化、科学化、规模化、集约化经营的农业。发展现代农业是世界农业发展的大趋势，对我国来说，促进现代农业发展更具有特别重大的意义：促进现代农业发展，是推进新农村建设的逻辑起点，是增加农民收入的现实途径，是完善产业结构、提升农业产业竞争力的迫切需要，更是保障我国国民经济健康发展和社会稳定的重要条件。本书通过对我国金融借贷资金支持现代农业转型发展相关问题的分析，获得了以下六个方面的主要结论：

(一)我国金融借贷资金支持现代农业发展的现状

1.实证研究表明，我国金融资金支持现代农业发展的供给严重不足

一方面，从国际比较来看，无论是比较耕地平均投入资金，或者平均每个农业劳动者投入资金，还是比较农业投入资金占农业增加值的比例，或者农业的外部资金支持总量占当年农业总产值的比重，都反映出我国的农业资金投入水平要远低于发达国家，也比许多以农业为主的发展中国家要低出许多。

另一方面，我国 2009 年，农业外部资金投入的最优化规模应当是当年实际农业外部资金投入规模的 1.354 倍，其中金融借贷资金需求缺口率达 41%，即有 35.4%～41%的金融借贷资金需求得不到满足。可见，我国对农业的资金投入

明显不足,而且主要是由金融借贷资金投入不足引起的。

2.事实上处于垄断地位的正规农村金融主体缺位、功能缺失和服务缺乏现象明显

从涉农金融体系及其业务开展状况来看,我国的农村金融体系呈现出正规金融体系和非正规金融组织交织发展的二元化结构特征。因为长期以来的政策压制,非正规金融组织的支农作用难以得到有效发挥。在这种情况下,正规金融体系就成了农村金融体系的主体,发挥着主导作用。但是,正规农村金融体系在金融体制改革过程中呈现出了主体缺位、功能缺失和服务缺乏(如服务机构网点退缩、服务意识淡薄、服务产品单一等)的情况,没有在真正意义上发挥支持农业和农村发展的应有作用——依靠正规金融渠道,农民和农村中小企业基本无处可借款。不仅如此,近 10 年来,农村正规金融"非农化"严重,还导致了大量农村和农业资金外流,严重地影响了农业和农村的发展。

(二)金融借贷资金支持现代农业发展供给不足的主要成因

我国金融借贷资金支持现代农业发展供给严重不足的原因,从整体来说是农村金融供给抑制,但其具体原因却是多方面的,既有其内因也有其外因,既有其直接诱因也有其根本原因。

首先,农业的弱质性特征和金融市场的国家垄断性质,是导致我国金融借贷资金支持现代农业发展供给严重不足的最主要的内在根本原因。一方面,在我国,传统农业属于典型的弱质产业,而现代农业又才刚刚起步,还没有发展壮大起来,也具有明显的弱质性特征。由于农业生产风险大、收益低、经营分散,作为农业生产者主体的广大农户又几乎没有可以用于抵押的资产,因而很难获得"趋利避害"特征明显的金融借贷资金的支持。另一方面,在我国,正规金融机构对农村金融市场存在事实上的垄断,垄断的市场必然缺乏效率。正规金融机构由于处于垄断地位,它们没有动力去为农业和农村发展提供充分的相对难以管理的资金支持和更完善的金融服务,而是将在农村筹集到的资金转向管理成本相对较低的城市和其他产业。

其次,改革存在失误是导致我国金融借贷资金支持现代农业发展供给严重不足的另一根本原因。一是长期以来,我国一直都在不断地出台一些支持农业的金融政策,但是,农村金融改革没有一个系统的、贯彻始终的改革目标,往往只是应其他改革需要而进行农村金融改革,以至于农村金融改革的目标在不同时间变动频繁,前后难以做到系统连贯。由于没有一个系统连贯的目标,我国农村金融在改革历程中几经反复,发展过程几经曲折。二是由于对农村金融的特殊性认识不足,农村金融改革未实行城乡有别的改革方案,尤其是对民间金融缺少必要的规范和保护,甚至是一味地采取限制、打压政策,使事实上支撑着农村金融市场大半壁江山的农村信贷资金主要供给者受到了不公平的待遇,以至于适合于"三农"的金融创新不足。三是法律对新型农村金融的社会定位和法律定位并不明确,政府对新型农村金融的扶持不到位,严重地限制了新型农村金融的发展,使符合农民和农村金融需求特征的、代表农村金融新生力量的新型农村金融体系一直得不到完善。四是由于缺乏竞争,处于垄断地位的正规金融机构对涉农金融产品创新严重不足。

最后,信用缺失和信息不对称是导致我国金融借贷资金支持现代农业发展供给严重不足的重要直接原因。借贷农户以及农村中小企业存在分布广、贷款额小、财务制度不健全、不规范等特征,在正规国有农村金融机构的传统僵化的业务模式和管理模式下,正规金融机构受制于其经营管理模式和思维,很难准确掌握借款人的资金风险、还款能力、真实贷款意愿等信息,这就造成了相对于城市和其他产业更普遍和严重的信息不对称和信用缺失的存在,其中正规金融机构处于劣势地位。处于劣势地位的金融机构或者选择谨慎贷款以规避风险,从而直接导致了支农贷款供给不足;或者提高贷款利率以弥补其贷款风险损失,这就会提高借款人的资金使用成本,从而引起了间接的支农贷款供给不足,这种间接的支农贷款供给不足的表象往往是有效需求不足。

(三)金融借贷资金支持现代农业发展的需求特征

(1)我国现代农业发展对金融借贷资金需求的总体特征:①对金融借贷资金的需求总量逐渐增多。发展现代农业,需要大量的外部资金投入,实证研究表明,在目前主要是需要金融借贷资金的支持。②对金融借贷资金需求具有不平衡性特征。在那些政策、交通、自然条件等占优势的、经济发展较快的地区,农业生产者和农村小企业主相对比较容易获得正规商业金融机构的资金支持,民间借贷往往也比较活跃;因而融资成本相对比较低,借款者融资渠道较宽,融资选择范围大,对借款利率相对敏感,一般不会接受较高的贷款利率。而在一些相对比较贫困的地区,农业生产者相对难以获得正规商业金融机构的资金支持,民间借贷往往也不活跃;因而融资成本相对较高,借款者融资渠道窄,融资机会基本无选择,他们借款往往是出于减少损失的考虑,因此对借款利率相对不敏感。③对支农借贷金融服务的需求呈现多样化和"粗短"化趋势。首先表现为不同借款主体因其生产经营项目和特点不同,其借款用途也不相同,因而对支农借贷金融产品的需求不同。其次,一方面,由于借款主体借贷主要是为了扩大再生产,加之物价的持续上涨,货币贬值,涉农借贷资金额度在不断增大;另一方面,为了规避风险,涉农借贷项目一般都是"短、平、快"的项目,因而涉农借贷需求呈现出"金额大、期限短"的"粗短"化倾向。

(2)农户借贷需求具有以下主要特征:①血缘与亲缘关系是农村借贷中占绝对优势借贷活动圈子。农户向非正规金融市场借贷远比向正规金融机构借贷普遍,而向亲戚、邻居、朋友借贷是绝大部分农户借贷的主渠道,但经济发展水平不同的地区存在较大的差异。②不管贫困农村或经济较发达的农村,农户均反映向正规金融机构借贷虽然名义利率较低,但手续繁杂,借贷条件苛刻,对无抵押贷款和小额贷款来说,实际成本较高,因而如果非正规金融市场不是利率太高或资金供给量不能满足需要的话,大部分农户都更愿意通过非正规金融市场借款。③不同经济发展水平地区农户的借贷意愿和满足程度差异较大,经济较差地区的农户明显较经济较好地区的农户有更加强烈的借贷愿望,但愿望满足程度却远低于经济较好地区。

(3)农村小企业的借贷资金需求具有以下主要特征:①绝大部分农村小企业都有向正规金融机构借贷的强烈愿望,但由于借贷手续复杂、条件苛刻,这些借贷愿望如愿以偿的较少,因而在实际借贷行为中更加倾向于向非正规金融市场借贷。②绝大部分农村小企业都十分重视信誉,还贷比较积极。但从不同渠道获得借贷的企业,其还贷特征也有一定的差异性——在正常经营情况下拖欠正规金融机构贷款的极少,而延迟归还非正规金融市场贷款的相对较多;但对于经营失败的企业,尤其是经营极度失败的业主来说,他们从正规金融机构获得的借贷,经常出现赖账不还的情况,而从非正规金融机构获得的借贷,虽然拖欠时间可能较长,但较少有赖账不还的情况。

(4)农村专业合作经济组织的借贷资金需求的主要特征是:不同组织形式的农村专业合作经济组织获得借贷资金的渠道差异较大,由政府推动和引导组建的“政府+农户”模式的“官办”合作经济组织,以及由企业带动组建的“公司+农户”模式的合作经济组织,更多的是向农村信用社和农业银行或其他商业银行借贷,而由项目资助引导组建的“专业协会+农民”模式的合作经济组织,尤其是“农户+农户”模式的专业协会或合作社,基本上得不到正规金融机构的贷款,因而主要是向会员、非会员借贷和一些民间借贷组织等非正规金融市场借贷。

(四)金融借贷资金支持现代农业发展的供给特征

(1)我国金融支农借贷资金供给的总体特征:①从支农借贷资金供给的主要类型来看,金融支农借贷资金供给可分为正规金融机构贷款和农村非正规金融市场的支农贷款;从贷款用途来看,金融支农借贷资金供给类型主要包括农业贷款和非农业乡镇企业贷款等。②从农村正规金融机构的资金流向来看,其从农村吸收的资金远大于投入“三农”的资金,正规农村金融机构将主要农村资金投入到了非农业部门和非农村地区。

(2)正规金融机构的支农借贷资金供给特征:①作为农村合作金融的农村信用合作社,充当着农村正规金融支农的主力军角色,在促进我国现代农业发展中功不可没。但是,由于农村信用合作金融改革仍不到位,目前的农村信用合作社在事实上已经成为农村基层的国有银行,不能为社员提供基本信贷保障,不具备规范的合作金融性质,因此在农村金融服务中难以担当重任。②农业发展银行作为主要的农业政策性金融,主要开展粮棉油的收购信贷,功能太过简单,服务严重缺位;被视为另一个农业政策性金融的国家开发银行,其涉农信贷投放领域主要集中在农业和农村基础设施建设贷款、农村教育和农村医疗基础设施贷款,以及农村危旧房改造和农民安置房信贷三大领域,但其涉农金融服务也远远不能满足实际需要,其所提供的涉农信贷数量也是微乎其微的。③作为农村商业性金融的农业银行和邮政储蓄银行,开始了探索按照商业化原则服务农村的有效形式,其涉农业务不断拓展,尤其是农村地区小额贷款业务得到较快发展。但从目前现实来看,城市以及非农信贷仍是农村商业银行的主要业务。

(3)新型农村金融机构的支农借贷资金供给特征:农民资金互助社、小额贷款公司等新型农村金融机构,其信贷业务灵活、手续简单快捷、贷款成本较低,深受农户欢迎,其对农村贷款覆盖面扩大很快,并真实地促进了农业生产和农村经济发展,有效地改善了农民的生活。而且,新型农村金融机构填补了部分地区农村金融服务空白,提高了农村金融市场的竞争程度和运行效率。但是,新型农村金融机构被要求"只贷不存",也得不到商业银行或其他来源的资金支持,完全依靠为数不多的自有资金来发放涉农商业贷款,导致各类新型农村金融机构面临着较大的资金风险;加之相关法律不完善,各种政策和法律相互干架严重,给各类新型农村金融机构的健康发展带来了合法性疑虑障碍,从而威胁到其生存的持续性。

(4)据调查,在目前我国农村,民间借贷有以下显著特点:①借贷期限较短,一般不超过1年。②借贷利率高低不一,但总体借贷成本要低于向正规金融机构借贷。③借贷手续简便快捷,效率高,以信用贷款为主。④服务对象复杂,资金投向领域宽。⑤借贷活动范围越来越广泛、组织机构越来越规模化、组织形式和操作手段越来越"规范"、借贷数额越来越大的趋势明显。⑥亲情、人情仍是农村民间借贷的主要基础,但获利性动机越来越超越传统动机。⑦自有资金仍是借贷资金的主要来源,但金融机构信贷资金也逐渐成了民间借贷资金的重要来源。⑧借贷对象一般集中在种养业专业户、运输业专业户、私营企业业主,以及有子女上大学或研究生的家庭。⑨我国民间借贷历史悠久,并在事实上成了我国农村金融资金最主要的供给者,也为农民的生活生产、农村经济的发展做出了极为重要的贡献。但由于长期未能得到政府的认可,未能获得合法身份,长期处于政府监管之外,因而民间借贷经营行为短期化特征明显,并由此而带来了一系列的问题,如管理不能规范、给国家宏观调控带来困难、对农村金融秩序具有一定的冲击性等。

(五)金融借贷资金支持现代农业发展的博弈行为特征

(1)支农贷款主体的风险规避系数越小、市场利率越低、所投资项目的预期投入产出率越高、借款农业生产者违约的概率越小、支农借贷资金提前撤资所受到的边际处罚越小,均衡支农贷款总量就越大。均衡支农贷款总量与项目自有资金的大小、支农借贷资金提前撤资可能引起的项目边际损失无关。

(2)所投资农业项目的预期投入产出率越低、借款农业生产者违约的概率越大、项目自有资金与借入资金的比例越小、支农借贷资金提前撤资可能引起的项目边际损失越小,支农借贷资金提前撤资的可能性就越大。支农借贷资金提前撤资比率与支农贷款主体的风险规避系数、支农贷款利率、提前撤资所受的边际处罚等均不直接相关。

(3)所投资项目的自然状态越好、支农贷款利率越低、支农借贷资金提前撤资所受边际处罚越小,借款农业生产者的均衡违约概率就越小。借款农业生产者的均衡违约概率与支农借贷资金提前撤资可能引起项目边际损失的大小、支农贷款主体的风险规避系数、项目自有资金与借入资金的比例大小等均无关。

(六)国外金融借贷资金支持农业发展的主要经验与启示

不同发达国家由于禀赋不同,其农业金融支持体系和模式也各有其特色,但都具有完善的多元化的农村金融体系、科学的管理制度、合适的农村金融服务产品,都得到了政府的大力支持;其中,完善的多元化的农村金融体系都包括了政策性农业(农村)金融和农村(农业)合作金融。世界发达国家和发展中国家金融支持农业和农村发展的成功案例提供给我们的主要经验借鉴和启示是:

(1)多元化的农村金融体系是金融资金支持农业发展的基础。从各个成功案例可以看出,尽管各国的做法不同,但都基于自己特有的国情,因地制宜地设计和建立了比较完善的农村金融体系以支持农业和农村的发展。各国的农村金融体系大都是多元化的:一方面,正规金融机构与非正规金融机构,政府的金融机构与民间的合作性金融机构互为补充、互相促进,满足不同层次的农业发展需要,促进农业迅速发展。另一方面,虽然每个国家的多元化农村金融体系不尽相同,但都安排有政策性金融和合作金融。其原因:一是因为农业具有弱质性,需要政策性金融来发挥示范和补充作用;二是因为合作金融具有其他金融体系所不能具备的灵活性和群众基础,以及民主管理、低成本运作的优势,其金融产品特别适合于广大农户。

(2)政府的多方位支持是金融资金支持农业发展的支撑。由于农业的弱质性,农业吸引金融资金的能力较弱,这就要求政府应当从多方面给予支持,鼓励各种金融资本积极投入到农业中。因此,各个成功案例国家的政府一般都运用了一系列的农村金融发展扶持政策。各国政府一般都直接投资设立了农村政策性金融机构,并通过政策性金融机构直接提供信贷资金;另外,还向其他金融机构提供补贴、税收优惠等优惠政策。

(3)完备的立法体系是金融资金支持农业发展的依据。市场经济是法治经济,所有经济活动都需要法律的规范和保护。农业的弱质性特征与信贷资金的趋利本性所背离,决定了金融支持现代农业发展更需要法律的手段来贯彻政府的扶持政策、保障各方的利益。成功案例中发达国家一般都有比较完善的法律来鼓励和规范农村金融的发展和农村金融支持农业发展的准则与要求,很多发展中国家也有相对较为完善的金融支农立法。

二、政策建议

前文的研究表明,发展现代农业对我国具有特别重要的意义,而发展现代农业,需要有大量的资金投入,这些资金投入主要是金融借贷资金的投入。然而,农业的弱质性特征和农村金融抑制,导致了金融借贷资金支持现代农业发展供给严重不足的现实。由于当前阶段要求金融借贷资金支持现代农业发展,其一个重要目标就是要消除农业的弱质性特征,因此,解决我国金融借贷资金支持现代农业发展不力问题措施,就是要消除农村金融抑制,其具体措施应当包括:

(一)建立和完善多元化的农村金融体系以培育竞争机制

世界发达国家和发展中国家金融支持农业和农村发展的成功案例表明,基于自己特有的国情,因地制宜地设计和建立了比较完善的、多元化的农村金融体系,是金融借贷资金支持农业发展的基础。具体到我国的国情来说,完善的、多元化的农村金融体系应当是农业和农村政策性金融、农村合作金融与农村商业性金融共存的、各具特点又相互补充的金融体系。因此,建议在以下三大方面采取适当的改革和发展措施:

一是要进一步完善农业和农村政策性金融体系,因为政策性金融具有保障和在市场失灵的领域发挥示范和补充的作用。因此,第一,应当以增强农业和农村经济可持续发展能力、保障农民基本生产生活需求为出发点,来确定政策性金融支农的重点领域。具体来说,政策性金融借贷资金的投入项目应当是具有私人投资性质的农业和农村中长期项目、具有保护性质的重要农产品收购项目、具有保障性质的农民基本生产和生活贷款，这种借贷应当是无息或者低息的。第二，应当为其提供多渠道、宽来源的农业政策性信贷资金来源。第三，还应当建立健全农业政策金融的激励机制，一个重要的改革方向是努力寻找实施商业化运作的模式，以提高其运行效率，降低运行成本。

二是要努力扶助与发展各种形式和性质的农村合作金融，因为国际经验已经表明，合作金融具有其他金融体系所不能具备的灵活性和群众基础，以及民主管理、低成本运作的优势，其金融产品特别适合于广大农户。扶助与发展各种形式和性质的农村合作金融的目标，是要建立由农村信用合作社（包括农村合作银行）、农村资金互助社，以及其他各种形式的民间合作金融组成的多层次的、规范的农村合作金融体系。建立多层次的农村合作金融体系，当前首要任务是要在法律上明确民间合作金融组织的性质和地位，将其改造成规范的农村合作金融组织。建立规范的农村合作金融体系，应当是互助合作性质的、非营利性的农民自我资金服务组织，要切实为社员服务，社员参与组织管理、享有信贷服务和利润分红的权利。

三是要大力促进各种农村商业性金融的发展，因为商业性金融是金融借贷资金支持现代农业发展的中坚力量。我国目前，一方面，正规农村商业性金融体系已经基本具备，但是，由于缺乏竞争，正规农村商业性金融的产品单一、业务模式僵化、效率较低；另一方面，经营切合农村实际、信贷业务灵活、手续简单快捷、贷款成本较低、深受农户欢迎的新型农村商业性金融发展很快，而且新型农村商业性金融的存在和发展也给了正规农村商业性金融改善其经营管理的动力和启发，但由于种种限制，尤其是被要求“只贷不存”，加之在其合法性问题上各种政策和法律相互干架，其生存的持续性突出。因此建议：①要立法以明确新型农村商业性金融的性质和地位，给予新型农村商业性金融与正规农村商业性金融平等的待遇和公平竞争的机会。②要恰当地安排农村金融市场的准入和退出制度，改用其他的农村金融市场管理模式，如“独立认证和连带损害赔偿责任制度+担保和违规违约事后重罚制度”等，鼓励各种形式和性质的农村商业性金融组织同时竞争和发展。只有这样，才能建立健全多元化的农村融资供给体系，适应支农借贷资金需求具有不平衡性特征，且才能培育起农村金融市场竞争机制，迫使现有农村正规金融机构积极创新农业和农村金融产品，改善其服务，从而达到促进提高农村金融市场的效率、优化农村金融资源的配置的目的。

(二)提供多方位的支撑以树立金融借贷资金支农的信心

导致我国农村金融抑制和金融借贷资金支持现代农业发展供给严重不足的一个重要的根源,就是农业具有弱质性特征,这种弱质性特征最主要的表现,就是因农业项目的投入产出率低,导致了金融借贷资金投资农业的比较利益低。政府应实施以下措施,来为树立金融借贷资金支农的信心提供多方位的支撑。

一是要加大财政和政策性金融对农业和农村基础设施建设项目、农业科技项目、普及农户的相关科技知识项目、改善农业生产服务项目的投入。"金融借贷资金支持现代农业发展相关主体的博弈分析"一章的分析结论表明,农业项目的投入产出率与支农借贷资金均衡总量、支农借贷资金提前撤资比率以及借款农业生产者的均衡违约概率均高度相关,是决定金融支农借贷资金投入的基础的、首要的条件:农业项目的投入产出率越高,商业性金融支农借贷资金均衡总量就越大,支农借贷资金提前撤资的可能性就越小、展期投资的可能性就越大,借款农业生产者的违约概率就越低、因而越有利于培养讲信用的良好风尚。因此,①要加强农业和农村基础设施建设,保护农业生产生态环境。目前的主要任务是要加强农业水利建设和农村抗震抗灾设施建设,进一步完善乡村公路交通建设和供电、通信事业建设,为农业和农民"走出去、带回来"提供基本便利条件。②要加大农业科研投入,科学规划农业项目布局,及时推广高新农业生产技术和生产工具。③要普及农户的相关科技知识,提高他们对农业生产经营的预测、控制和利用能力,也提高他们保护农业生产生态环境的能力。④要改善农业生产经营相关服务体系,主要是要强化气象和病虫害预报预测工作,以提高农业抵抗自然风险的能力、减少不利天气和自然灾害对农业生产的影响;建立和完善农产品市场信息体系,为农业生产者提供及时的、准确的市场信息,以降低农业的市场风险。因为只有这样,才能有效地改善农业生产经营条件,提高农业的抗风险能力,降低农产品交易成本提高农业的投入产出率。

二是要适当补贴农业借贷利息。"金融借贷资金支持现代农业发展中相关主体的博弈分析"一章的分析结论表明,市场利率越低,商业性金融支农借贷资金均衡总量就越大、借款农业生产者违约的可能性就越小。因为市场利率越低,一方面,商业性金融借贷资金投放到农业项目的比较利益就会越大;另一方面,借款农户违约的概率就会越小,从而贷款风险就会越低,这样就越有更多的商业性金融借贷资金愿意投放到农业项目。但就当前我国的形势来看,要降低市场利率是很难做到的,因此,只能通过财政补贴农业生产借款利息,以减轻借款农业生产者的负担,从而借款农户违约概率就会越小;补助支农贷款利息,以提高借贷资金投放到农业项目的比较利益,从而吸引更多的商业性金融支农借贷资金。

三是要设法减少支农贷款主体的风险顾虑,降低其支农贷款投资的风险规避系数。支农贷款的风险规避系数是各支农贷款主体对其支农贷款所冒风险的评价及其对待该风险的态度,风险规避系数越小,支农贷款均衡总量就越大。为了减少支农贷款主体的风险顾虑,降低其风险规避系数,除了加强农业基础设施建设、加大农业科技投入、推广高新农业技术和农业生产工具、普及农业生产知识等以提高农业的抗风险能力、提高农业的投入产出率以外,就目前来说还应当做好下两个方面的工作:一是建立和完善农业风险补偿机制。我国是世界上自然灾害频发且损失最严重的国家之一,但我国的农业风险补偿机制几乎是一片空白,严重地降低了商业性金融借贷资金支持农业的比较收益。因此,针对我国农业和农村目前的具体实际,建议:①加大农业保险的补贴范围和力度,鼓励现有保险公司开发有效的涉农险种;②加快建立政策性农业保险制度,以消除商业性农业保险市场失灵的影响;③鼓励建立健全新型农业保险体系,尤其是鼓励和引导建立农业失败互助基金等农业生产者互助形式的风险补偿机构;④建立和完善农业风险补偿证券化体系,如建立和完善农业期货交易机构以及交易渠道,开发合适的农业避险金融工具等,鼓励和培养有条件的农业生产经营管理者利用现代化的农业避险金融工具来规避农业生产经营风险。二是"金融借贷资金支持现代农业发展中相关主体的博弈分析"一章的分析结论表明,订立严格的合同条款、提高对提前撤资的边际处罚,不但无助于减少商业性金融支农借贷资金提前撤资,相反会加重商业性金融支农贷款投资者法律忧虑、减小商业性金融支农贷款均衡总量,同时还会增加借款农业生产者的违约道德风险。因此,应当尽可能地不对支农借贷资金提前撤资行为进行处罚。当然,在允许支农借贷资金自由撤资的同时,政府应当充分发挥政策性金融的作用,建立合理有效的农业投资项目流动性风险应对机制,如政策性金融贷款补充提前撤资的商业性金融贷款,或者建立农业项目商业性金融支农贷款提前撤资保险制度等,以防止和降低因商业性金融支农借贷资金提前撤资而给项目带来损失;另一个办法就是建立商业性金融支农贷款投资损失财政补贴制度或保险制度,以降低或消除商业性金融支农贷款主体的风险顾虑,从而减少其提前撤资行为。三是借款农业生产者的违约率对支农贷款均衡总量和支农金融资金提前撤资与否,均具有一票否决的作用,是影响支农借贷资金的决定性因素。因此,应该培养农户的诚信意识,减少借款农业生产者违约。其具体方法除优化农业生产经营条件,降低农业生产经营风险,提高农业投入产出率以外,采用联保借贷以提高借贷者的违约成本、实行小额贷款和补贴贷款利息以降低借贷者的违约收益、优化贷款服务和补贴贷款利息以减少借贷者的违约情绪,都是不错的措施,当然,还可以考虑通过宣传、学校教育等手段来培养农户的诚信意识。

(三)积极引导农业产业化经营以提高农业的组织化程度

我国目前的农业生产经营组织化程度很低。分散经营使得农业的弱质性地位长期得不到改善:第一,分散经营容易导致市场盲目、扩大农业生产经营的市场风险;第二,分散经营难以集中大量资源,采用先进生产技术、工具和实行集约化生产,以减少不利天气和自然灾害的影响;第三,分散经营的生产经营者势单力薄,承受风险能力差;第四,分散经营的市场交易成本高,产业比较利益低。因此,消除农业的弱质性特征,在生产组织方面首先是要提高农业生产的组织化程度。

提高农业生产的组织化程度,主要是要鼓励和引导农民因地制宜地制订和实施农业产业化发展的整体战略。农业产业化经营,是农业生产通向规模化、专业化和社会化的必经之路,能够培育发展主导产品和支柱产业。农业产业化的基本原则,应当以促进农村经济发展和农民收入提高、农村社会公平和谐为基本目标,以提高比较利益为中心,以培育和加强比较优势为着力点,以对土地等资源进行资本化运作为手段。农业产业化的具体实施模式,可以是农业龙头企业模式、“公司+农户”模式、农业专业合作社模式等。农业产业化的经营发展方向,可以是延伸农业产业链、进行专业化生产、利用区域优势发展优势产业等。

参考文献

[1] 中共中央关于推进农村改革发展若干重大问题的决定[R].2008.

[2] 徐贻军. 湖南现代农业发展研究[D]. 长沙:湖南农业大学,2009.

[3] 郑有贵,李成贵. 农业现代化变迁的运作规律及对策探讨[J]. 教学与研究,1997(9):11-16.

[4] 黄祖辉,徐旭初. 大力发展农民专业合作经济组织[J]. 农业经济问题,2005(5):41-46.

[5] 黄祖辉,卫龙宝. 论统筹城乡经济社会发展[C]//论城乡统筹发展与政策调整——城乡统筹发展与政策调整学术研讨会论文集,2003.

[6] 黄祖辉,林本喜. 基于资源利用效率的现代农业评价体系研究——兼论浙江高效生态现代农业评价指标构建[J]. 农业经济问题,2009(11):20-27.

[7] 李大胜,王广深. 我国农业技术体系变迁及其对生态环境的影响[J]. 农业科技管理,2005(2):16-18.

[8] 柯炳生. 加快推进现代农业建设的若干思考[J]. 农村经营管理,2007(3):15-17.

[9] 卢荣善.农业现代化的本质要求:农民从身份到职业的转换[J].经济学家,2006(6):64-71.

[10] 舒尔茨.经济增长与农业[M].郭熙保,周开年,译. 北京:北京经济学院出版社,1991.

[11] 郭剑雄. 超越土地的农业发展[J]. 人文杂志,2004(4):94-98.

[12] 杨万江,徐星明. 农业现代化测评[M]. 北京:社会科学文献出版社,2001.

[13] 张忠根,应风其. 农业可持续发展战略的认识实践误区[J]. 新疆农垦经

济,2002 (3):8-10.

[14] 邓启明. 基于循环经济的现代农业研究[M]. 杭州:浙江大学出版社,2007.

[15] 刘晓越. 中国农业现代化进程研究与实证分析[J]. 统计研究,2004(2).

[16] 蒋和平,黄德林. 中国农业现代化发展水平的定量综合评价[J]. 农业现代化研究,2006(2):87-91.

[17] 蒋和平,辛岭,黄德林. 中国农业现代化发展阶段的评价[J]. 科技与经济,2006(4):56-60.

[18] 王峥.上海现代农业发展的金融支持问题研究[D].上海:复旦大学,2010.

[19] 格利,肖. 经济发展中的金融方面[J]. 美国经济评论,1955(9).

[20] 格利,肖. 金融理论中的货币[M]. 华盛顿:布鲁金斯学会出版,1960.

[21] 格利,肖. 金融结构与经济发展[J]. 经济发展与文化变迁,1967(4).

[22] 戈德斯密斯. 金融结构与经济增长:中译本[M].上海:上海三联书店,1994.

[23] 金,莱文,罗斯. 金融结构和经济增长:银行、市场和发展的跨国比较[M]. 北京:中国人民大学出版社,2006.

[24] 麦金农. 经济发展中的货币和资本[M]. 上海:上海三联书店,上海人民出版社,1997.

[25] 麦金农. 经济市场化的秩序:向市场经济过渡时期的金融控制[M].上海:上海三联书店,上海人民出版社,1997.

[26] 郑蔚. 中日农村金融比较研究[M].天津:天津人民出版社,2008.

[27] 曹协和. 农村金融理论发展主要阶段评述[J]. 财经科学,2008(11):27-35.

[28] 徐笑波,邓英淘,等. 中国农村金融的变革与发展 1979—1990 [M]. 北京:当代中国出版社,1994.

[29] 张元红. 农民的金融需求与农村的金融深化——以湖北汉川福星村为例[J].中国农村观察,1999(1):46-54.

[30] 张兵,朱建华,贾红刚. 我国农村金融深化的实证检验与比较研究[J]. 南京农业大学学报,2002(5):30.

[31] 董晓林,王娟. 我国农村地区金融发展与经济增长——内生增长模型分析

[J].南京农业大学学报:社会科学版,2004(4):44-48.
[32] 姚耀军. 中国农村金融发展与经济增长关系的实证分析[J]. 经济科学, 2004(5):24-31.
[33] 姚耀军. 中国农村金融发展状况分析[J]. 财经研究,2006(4):103-114.
[34] 焦兵. 东、西部农村金融对农村经济增长贡献的比较研究[J]. 统计与决策, 2007(2):70-72.
[35] 张旭梅. 山东省农村金融发展对农村经济增长的作用机制:理论与实证研究[D].济南:山东大学,2006.
[36] 张旭梅. 农村金融发展对农村经济增长作用机制的实证分析——以山东省为例[J]. 生产力研究,2009(8):44-45.
[37] 黎翠梅. 我国区域农村金融非均衡发展状况分析[J]. 统计与决策,2008(20):125-127.
[38] 黎翠梅. 农村金融发展对农村经济增长影响的区域差异分析——基于东、中、西部地区面板数据的实证研究[J]. 湘潭大学学报:哲学社会科学版, 2009(3):75-80.
[39] 黎翠梅. 我国农村金融发展的区域比较分析[J]. 财经论丛,2010(6): 42-49.
[40] 海新权. 甘肃省农村金融发展与农业经济增长的实证分析[D]. 兰州:兰州大学,2009.
[41] 海新权,杨林娟. 农村金融发展与农业经济增长的实证研究[J]. 四川理工学院学报:社会科学版,2009(4):54-56.
[42] 陆美娟,左平桂,张兵. 江苏省金融支持和农业经济增长的实证分析——基于13市面板数据的经验分析[J]. 南京农业大学学报,2009(1): 146-150.
[43] 姚群,彭迪云,许涵,等. 江西金融支持现代农业发展的实证分析与对策建议[J]. 科技广场,2009(6):6-8.
[44] 朱建芳. 农村金融供求的实证研究——基于浙江省农户调查数据[J]. 金融理论与实践,2009(9):32-35.
[45] 乔海曙. 农村经济发展中的金融约束及解除[J]. 农业经济问题,2001(3):19-23.

[46] 谢平. 中国农村信用合作社体制改革的争论[J]. 金融研究,2001(1):1-13.

[47] 谢平. 中国金融体制和货币政策改革[J]. 中国经济周刊,2001(30):17-19.

[48] 高帆. 我国农村中的需求型金融抑制及其解除[J]. 中国农村经济,2002(12):68-72.

[49] 马晓河,蓝海涛.当前我国农村金融面临的困境与改革思路[J].中国金融,2003(11):11-13.

[50] 何志雄.对组建我国农村合作银行的几点认识[J].中央财经大学学报,1994(12):47-51.

[51] 何志雄,殷莉丽,宋文竞. 政策支农与金融支农联动,合力支持首都新农村建设[J]. 农业发展与金融,2006(6):31.

[52] 何广文.中国农村金融供求特征及均衡供求的路径选择[J].中国农村金融,2001(9):14-16.

[53] 汪三贵. 信贷扶贫能帮助穷人吗?[J]. 调研世界,2001(5):20.

[54] 汪三贵,毛建森,朴之水. 中国的小额信贷[J]. 农业经济问题,1998(4):11-17.

[55] 谢家智,冉光和. 中国农村金融制度变迁的路径依赖[J]. 农业经济问题,2000(5):25-28.

[56] 黄燕君. 农村金融制度变迁与创新研究[J]. 浙江社会科学,2000(6):39-42.

[57] 李剑阁. 资本市场发展创新的5个问题[J]. 中国改革,2001(2):19-20.

[58] 徐滇庆. 制度创新与农村金融改革[J]. 武汉金融,2004(9):4-7.

[59] 温铁军. 农村合作基金会的兴衰史[J]. 中国老区建设,2009(9):17-19.

[60] 曾建中. 金融支持新农村建设的构想[J]. 宏观经济管理,2006(8):39-42.

[61] 陈剑波.对深化农村信用社改革有关问题的探讨[J].中国农村金融,2003(11):15-19.

[62] 杜晓山.农村金融体系框架、农村信用社改革和小额信贷[J].中国农村经济,2002(8):4-9.

[63] 杜晓山. 农村金融体系改革的重要步骤——《深化农村信用社改革试点方

案》出台[J]. 中国金融,2003(17):18.
[64] 党国英. 农信社产权改革的方向[J]. 金融博览,2004(11):7.
[65] 党国英. 农信社改革南辕北辙[N]. 农民日报,2004-08-21.
[66] 党国英. 农信社产权改革方向[N]. 证券时报,2004-7-13.
[67] 李世新,张耀谋. 从微观主体看我国当前农村金融困境[J].征信,2008(4):131-134.
[68] 唐双宁. 在防范风险的前提下大力支持金融创新[N]. 中国金融,2006(13):6-8.
[69] 古明加. 对完善我国农村金融体系建设的思考[J]. 行政论坛,2008(1):90-93.
[70] 陆美娟. 江苏省农业转型发展的金融支持研究[D]. 南京:南京农业大学,2008(6).
[71] 冯兴元,何梦笔,何广文. 试论中国农村金融的多元化——一种局部知识范式视角[J]. 中国农村观察,2004(5):17-29.
[72] 何广文. 农业战略性结构调整:农村金融供求特征及均衡战略[J]. 中国农村金融,2003(6):4-6.
[73] 何广文,欧阳海洪. 把握农村金融需求特点,完善农村金融服务体系[J]. 中国金融,2003(11):14-16.
[74] 李海平. 新形势下我国农村金融体系运行现状及趋势[J]. 广西财经学院学报,2008(2):102-106.
[75] 李海平. 论我国农村金融政策支持体系的建设[J]. 中央财经大学学报,2008(5):28-31.
[76] 王修华,周再清. 功能观视角下农村金融制度的创新[J]. 统计与决策,2008(18):130-132.
[77] 王乐. 了解农村金融特点,促进农村金融改革[J]. 消费导刊,2009(6):98.
[78] 史清华,陈凯. 欠发达地区农民借贷行为的实证分析——山西745户农民家庭的借贷行为的调查[J]. 农业经济问题,2002(10):29-35.
[79] 何广文. 合作金融组织的制度性绩效探析[J]. 中国农村经济,1999(2):36-41.
[80] 何广文. 从农村居民资金借贷行为看农村金融抑制与金融深化[J]. 中国

农村经济,1999(10):42-48.

[81] 曹力群. 当前我国农村金融市场主体行为研究[J]. 金融论坛,2001(5):6-11.

[82] 朱守银,张照新. 中国农村金融市场供给和需求——以传统农区为例[J]. 管理世界,2003(3):88-95.

[83] 徐祖俊. 农村金融"贷款两难"原因剖析及对策[J]. 浙江金融,2008(7):30-31.

[84] 郭沛. 中国农村非正规金融规模估算[J]. 经济研究参考,2004(2):29-30.

[85] 张杰. 解读中国农贷制度[J]. 金融研究,2004(2):1-8.

[86] 温铁军. 农户信用与民间借贷研究——农户信用与民间借贷课题主报告[R/OL].中评网,2001(7).

[87] 何田."地下经济"与管制效率:民间信用合法性问题实证研究[J]. 金融研究,2002(11):100-106.

[88] 张建军. 建立市场约束机制,维护金融稳健运行[J]. 南方金融,2002(2):9-11.

[89] 马晓河,姜长云. 适度放活农村民间金融[J]. 农村工作通讯,2004(2):27.

[90] 林善浪.中国农业发展问题报告[R]. 北京:中国发展出版社,2003.

[91] 袁远福,缪明杨. 中国金融简史[M]. 北京:中国金融出版社,2001.

[92] 徐欣,张照新. 中外农业投入特点分析[N]. 农民日报,2008-10-6.

[93] 中国农村金融学会. 中国农村金融改革发展 30 年[M].北京:中国金融出版社,2008.

[94] 中国人民银行. 中国农村金融服务报告 2008[R].北京:中国金融出版社,2008.

[95] 吴方卫. 我国农业资本存量的估计[J]. 农业技术经济,1999(6):34-38.

[96] Gurley, Shaw. Financial Structure and Economic Development and Cultural Change[M]. 上海:上海三联书店,1988.

[97] E. S. Shaw. Financial Deepening in Economics Development[M]. New York: Oxford University Press, 1973.

[98] Goldsmith, Raymond W. Financial Structure and Development[M].Yale University Press, 1969.

[99] King, Robert, Ross Levine. Finance and Growth: Schumpeter might be right [J]. Quarterly Journal of Economics, 1993, 108(3): 717-737.

[100] Riskin, Carl. Chinese Rural Poverty: Marginalized or Dispersed[J]. American Economic Review, 1994, 84(2): 281-284.

[101] Besley. Household participation in formal and informal institutions in rural credit markets in developing countries: evidence from Nepal [R]. world bank, world development report, 2001.

[102] Signe-Mary McKernan, Mark M. Pitt, David Moskowitz. Use of the Formal and Informal Financial Sectors: Does Gender Matter? Empirical Evidence from Rural Bangladesh [J]. World Bank Policy Research Working Paper, 2005, 339(4): 36-40.

[103] Xavier Gine. Access to Capital in Rural Thailand: An Estimated Model of Formal vs. Informal Credit[J], Journal of Development Economics, 2011, 96 (1)16-29.

[104] King, Robert G, Ross Levine. Financial Indicators and Growth in a Cross Section Of Countries[J]. Policy Research Working Paper, 1992, 106(2): 407-443.

[105] E. S. Shaw. Financial Deepening in Economics Development [M]. New York: Oxford University Press, 1973.

[106] Timothy J. Besley. Household participation in formal and informal institutions in rural credit markets in developing countries: evidence from Nepal [J]. World Development Report 2001/2002, 2001(5).

[107] Coffey, Elizabeth. Agricultural Finance: Getting the Policies Right[J]. FAO/GTZ, AFR, 1998(2): 7.

[108] Pingali, P and Rosegrant. "Green Revolution Blues," Paper Presented at the Preconference on Development, American Agricultural Economics Association, Orlando, FL, 1995.

[109] McKinnon R.I. Money and Capital in Economic Development[J]. The Brookings Institution, 1973, 38(4): 679-702.

[110] Manfred Zeller. Models of Rural Finance Institutions[J]. The International

Conference on Best Practices in Rural Finance, Washington, 2003.

[111] Rousseau, Peter L., Paul Wachtel. Financial dependence and economic performance: Historical evidence from five industrial countries [J]. Journal of Money, Credit, and Banking, 1998(30).

[112] Adams, D., Granham, D. and Von Pischke, J.. Undermining Rural Development with Cheap Credit[J]. Amercian Journal of Agricultural Economics, 1984,67(4).

[113] Levine Ross, Norman loayza, Thorsten Beek. Financial intermediation and growth: Causally and causes[J]. NBER working paper, 1999(1).

[114] Levine Rosss. Financial Development and Economic Growth: Views and Agenda[J]. Journal of Economic Literature, 1997(6).

[115] Signe-Mary McKernan. Use of the Formal and informal Finance Sectors: Does Gender Matter? Empirical Evidence from Rural Bangladesh[J]. World Bank Policy Research Working, 2005(1):3491.

[116] Rajan, Raghuram G., Liugi Zingales. Financial Dependence and Growth [J]. American Economic Reviews, 1998, 88(6).

[117] Arestis and p. Demetriades. Financial Development and Economic Growth: Assessing the Evidence[J]. Economic Journal, 1997, 107(442):783-799.

[118] Demirguc-Kunt, Asll, Maksimovic. Law, finance, and firm growth[J]. Journal of Finance, 1998:53(6).

[119] Lynch, David. Measuring Financial Sector Development: A Study of Selecte Asia-Pacific Countries[J]. The developing Economies, 1996(3).

[120] Shahidur R, Khandker, Rashid R, et al. I. The impact of farm credit in Pakistan[J]. Agricultural Economics, 2003(28).

[121] Beck, Thorsten, Ross Levine et al. Finance and the Sources of Growth[J]. Journal of Banking and Finance, 2000(28).

[122] 国务院办公厅. 深刻理解发展现代农业的必要性[EB/OL]. 中华人民共和国中央人民政府网站,2006-03-15.

[123] 卢良恕. 我国农业发展的经验总结与未来趋势——《中国农业发展的思考与展望》简评[J]. 农业技术经济,2006(9).

[124] 卢良恕. 农业发展的经验总结与趋势预测[N]. 经济日报,2006-09-01.

[125] 项仁学. 现代农业的三种成功模式[N]. 浙江日报,2007-03-12.

[126] 杜青林. 强化现代社会主义农村建设的产业支撑[N]. 人民日报,2006-04-10.

[127] 李静. 简论现代农业建设[N]. 光明日报,2005-11-09.

[128] 纽曼,米尔盖特,伊特韦尔.新帕尔格雷夫货币金融大辞典:第二卷[M]. 北京:中译本,经济科学出版社,2000:29.

[129] 白钦先,等.金融可持续发展研究导论[M].北京:中国金融出版社,2002:79.

[130] 黄达.金融学[M].北京:中国人民大学出版社,2000:99-103.

[131] 周志祥.农村财政和金融问题[M].北京:中国人民大学出版社,1987.

[132] 陈立.现代金融大辞典[M].长春:吉林大学出版社,1991.

[133] 丁帮石.农村金融[M].大连:东北财经大学出版社,1992.

[134] 巩泽昌.社会主义农村金融学[M].北京:中国金融出版社,1984.

[135] 丁文翔.农村金融概论[M].北京:中国金融出版社,1988.

[136] 国家开发银行,中国人民大学联合课题组.开发性金融论纲[R].北京:中国人民大学出版社,2006.

[137] 王伟.中国政策性金融与商业性金融协调发展研究[M].北京:中国金融出版社,2006:17-23.

[138] 张元红,马忠富. 当代农村金融发展的理论与实践[M]. 南昌:江西人民出版社,2002.

[139] Braverman, Avishay, Monica Huppi. Improving Rural Finance in Developing Countries[J]. Finance & Development,1991,28(1):42-44.

[140] 黄国勤. 改革开放 30 年我国农业发展的回顾与展望[J]. 科技和产业,2009(9):19-26.

[141] 黄连贵,张照新,张涛. 我国农业产业化发展现状、成效及未来发展思路[J]. 经济研究参考,2008(31):33.

[142] 武东轶. 新型农村合作金融组织——农村资金互助社的发展研究[J]. 山西农经,2007(4):55-56.

[143] 罗荷花,李明贤. 农村资金互助社试点中的问题及对策[J]. 湖南农业大

学学报,2008,12(6):41.
[144] 茅于轼.中国小额贷款扶贫还有三道坎[J].农村工作通讯,2007(1):56.
[145] 李治华,李学军.关于对农村信用社农户小额信贷的思考[J].内蒙古科技与经济,2008(24):73-74.